Mit dem Fotomodell Renate Hellmut warb der VEB Funkwerk Erfurt 1963 für den Musikautomaten „Polyhymat".

Ulrich Seidel

Traditionsunternehmen in Erfurt

Fotoschätze aus alter Zeit wecken Erinnerungen

SUTTON

Während des Ersten Weltkrieges mussten Kriegsgefangene auch in den Erfurter Schuhfabriken arbeiten, aufgenommen um 1915.

Einband vorne: Andrang am frühen Morgen. Ob die Menschen wegen ihrer täglichen Ration Tabakwaren oder wegen Lottoscheinen bei Brembach anstanden, ist nicht mehr festzustellen. Das Foto entstand um 1950.
Einband hinten: Arbeiter der ALO Nahrungsmittelwerk Klein & Russek KG in den 1950er-Jahren (siehe Seite 77).

Impressum
Sutton Verlag GmbH
Schweickhardtstraße 1
72072 Tübingen
www.suttonverlag.de

ISBN: 978-3-96303-498-5
Printed in Poland by CGS
Gestaltung und Herstellung: Sutton Verlag

In diesem Buch wird aus Gründen der besseren Lesbarkeit das generische Maskulinum verwendet. Weibliche und anderweitige Geschlechteridentitäten werden dabei ausdrücklich mitgemeint, soweit es für die Aussage erforderlich ist.

Inhalt

Ferdinand North
ERFURT
GEGRÜNDET 1860.
THÜRINGER
Teigwaren.
Königl. Preuss. Staatsmedaille
für gewerbl. Leistungen.

Vorwort

Als Industriestandort spielte Erfurt erst mit dem Beginn des 19. Jahrhunderts eine Rolle. Bis ins späte 18. Jahrhundert war die Stadt eher von kleinteiligem Handwerk geprägt. Die erste Manufaktur im Sinne einer vorindustriellen Produktion gründete Johann Daniel Fleischhauer im Jahr 1717. Seine Porzellanfabrik verkaufte er 1718 an den Zinngießer Laurentius Silberschlag, der das Unternehmen bis zu seinem Tod 1722 führte und bekannt machte. Das Angermuseum besitzt seit einigen Jahren einen Birnkrug aus der Manufaktur von Laurentius Silberschlag. Die Fayence-Manufaktur stellte zwar 1792 die Produktion ein, dennoch ist der Name „Silberschlag" in Erfurt ein Begriff.

Dass in Erfurt seit über 200 Jahren Nudeln hergestellt werden, gehört ebenso in dieses Buch wie die Tatsache, dass hier produzierte Lokomotiven an verschiedene Eisenbahngesellschaften in Europa und Übersee geliefert wurden. Ein witzig gemeinter Spruch aus den 1980er-Jahren, „das Einzige, was in der DDR nicht klein zu kriegen war, ist die Mikroelektronik", nimmt durchaus Bezug auf den VEB Funkwerk Erfurt. Ob Schuhe, Schreibmaschinen oder Schwerindustrie: Erfurt hat als Industriestandort eine lange Tradition.

In diesem Buch sollen nun Erfurter Traditionsunternehmen betrachtet werden, die vor vielen Jahrzehnten gegründet wurden und mitunter noch heute existieren. Es ist nicht möglich, alle Traditionsunternehmen in einem Buch zu behandeln. Deshalb ist die Auswahl rein subjektiv. Wer also ein Traditionsunternehmen vermisst, der sei auf eine eventuell folgende Publikation vertröstet und gespannt. Die vorgenommene Reihenfolge ist keine Wertung.

Dank sei an dieser Stelle allen gesagt, die mir bereitwillig Informationen zukommen ließen, um dieses Buch zu füllen. Insbesondere möchte ich den Mitarbeiterinnen und Mitarbeitern des Stadtarchivs Erfurt danken, die mir meine zahlreichen Wünsche nach Archivgut erfüllten.

Mir hat es große Freude bereitet, im Stadtarchiv, im weiteren Sinne ebenfalls ein Traditionsunternehmen, zu recherchieren und historische Bilder sowie Dokumente der genannten Unternehmen zu finden.

Dieselbe Freude wünsche ich Ihnen nun bei der Lektüre und beim Betrachten der Bilder.

Ulrich Seidel

◂ So warb die Nudelfabrik North um 1915 für ihre Produkte, unter anderem mit dem Hinweis auf die Königlich Preußische Staatsmedaille für gewerbliche Leistungen.

Dieses Foto zeigt wohl eine der letzten Phasen der Schreibmaschinenproduktion bei Optima. Die Arbeiter testen offensichtlich Schreibmaschinen. Um 1930 lichtete ein unbekannter Fotograf die Herren in der Montagehalle ab.

1

Optima

Am 28. September 1862 verlegte die Gewehrfabrik Saarn ihre Direktion nach Erfurt und firmierte fortan als Königliche Direktion der Gewehrfabrik Erfurt. Hinterladerkarabiner mit gezogenem Lauf, Armeepistolen und später auch Maschinengewehre gehörten zur Produktionspalette. Nun wurden also auf dem Gelände des ehemaligen Mainzer Hofes – der Straßenname erinnert an die einstige Hofstatt des Mainzer Erzbischofs und Kurfürsten – Handfeuerwaffen neuester Entwicklung gefertigt. Aufgrund der damaligen politischen Situation durften „Personen, die sozialdemokratischen oder sonstigen staatsfeindlichen Bestrebungen Vorschub leisten oder die den Frieden zwischen den Behörden und den Arbeitern oder der Arbeiter untereinander stören könnten", nicht eingestellt werden.

Die Gewehrfabrik wurde rasch zum größten Betrieb in Erfurt und produzierte bis Ende des Ersten Weltkrieges 80 Prozent aller Handfeuerwaffen des deutschen Heeres, darunter auch die Pistole 08. Nach dem Ersten Weltkrieg fertigte man noch bis 1920 Jagdwaffen, anschließend folgte die Herstellung von Möbeln. Im November 1922 verkaufte der preußische Staat den Betrieb für 100.000 Reichsmark (heute ca. 40.000 €) an die Deutsche Werke AG, die daraufhin die gesamte Schreibmaschinenproduktion nach Erfurt verlegte. Die Deutsche Werke AG fasste nach der Niederlage des Kaiserreiches im Ersten Weltkrieg 13 ehemalige Rüstungsbetriebe zusammen, die auf zivile Produktion umgestellt wurden. 1924 verließen die ersten Modelle der „Mignon" das Werk, drei Jahre später erweiterten Büromöbel das Angebot: Schreibmaschinentische, Bürostühle, Rollschränke und Karteikästen. 1929 wurde das Modell 7 mit dem Namen „Olympia" entwickelt und produziert. Ab 1930 konnten die Kunden zwischen 70 Tastaturen und 13 Schriftarten wählen. Nach der Fertigung von 400.000 „Mignon"-Schreibmaschinen stellte man die Herstellung ein, an ihre Stelle traten die ersten Kleinschreibmaschinen mit Schwinghebel. Die Sensation der Internationalen Büroausstellung in Berlin 1934 war die Kleinschreibmaschine „Filia". Sie kostete weniger als 110 Reichsmark. Die Schreibmaschine „Olympia M8" wurde in den 1930er-Jahren der Verkaufserfolg. Die Erfurter Produktion übertraf die der gesamten europäischen Schreibmaschinenindustrie. In diese Zeit fiel die Umbenennung des Werkes in Olympia-Werke, die während des Zweiten Weltkrieges nicht nur die Frontschreibmaschinen „Robust" und „Plana" herstellten, sondern auch Teile für Kriegsgeräte, beispielsweise Vergaser für Flugzeugmotoren. Zahlreiche Zwangsarbeiter wurden hierfür eingesetzt. Mit der Einnahme Erfurts durch amerikanische Truppen am 12. April 1945 wurde die Produktion in den Olympia-Werken verboten. Erst im Juni 1945 konnte die Fertigung wieder aufgenommen werden.

Am 20. Juli 1945 informierte der Erfurter Oberbürgermeister, Hermann Jahn, die Betriebsleitung der Olympia-Büromaschinenwerke AG per Brief, dass das einstige Vorstandsmitglied Jochen Wussow „… mit einem größeren Kapitalbetrage [angeblich 6 Mio. Reichsmark] in die amerikanische Besatzungszone abgereist [ist]. Herr Wussow hat dann mehrfach den Versuch gemacht, die wichtigsten Spezialmaschinen und Zeichnungen für die neue Produktion aus den Olympiawerken abholen zu lassen. Durch die Wachsamkeit von Betriebsrat und Belegschaft ist das verhindert worden." Dazu passt eine überlieferte Anekdote, dass etliche Kisten statt mit Dokumenten und Zeichnungen, mit Steinen gefüllt die Reise in den Westen angetreten hätten.

Kurz nach Wussow war auch Direktor Reichert in den amerikanischen Sektor „gereist". So setzte Jahn den einstigen Betriebsratsvorsitzenden, Adolf Hautsch, als kommissarischen Direktor und den zweiten Vorsitzenden des Betriebsrates, Hans Tschacher, als „Mitglied der Betriebsleitung [ein], ohne darin eine besondere Funktion zu übernehmen". Allerdings wurde ihm die Prokura erteilt, „... und zwar in der Weise, daß alle Verfügungen der anderen Prokuristen seiner Gegenzeichnung bedürfen." Bereits am 26. Juli 1945 bestätigte das Amtsgericht Erfurt alle Änderungen in der Besetzung der Betriebsleitung.

Ab November 1947 gehörten die Erfurter Olympia-Werke zur sowjetischen Aktiengesellschaft Präzisionsmaschinenbau „Totschmasch", leisteten in jenem Jahr Reparationen in Höhe von 6,28 Mio. Mark (heute etwa 22 Mio. Euro) und produzierten 48.795 Schreibmaschinen.

Im Juni 1950 verlor das Erfurter Werk gegen die Olympia-Werke in Wilhelmshaven einen Prozess um die Berechtigung der Namensführung. So firmierte das erst kürzlich in Volkseigentum übergegangene Schreibmaschinenwerk forthin als VEB Optima. Nicht nur der Bedarf von beruflich auf Schreibmaschinen Angewiesene wurde bedient, sondern auch Kinder gehörten zur Zielgruppe: Mitte der 1950er-Jahre gab es die Kinderschreibmaschine „Bambino". Bis 1989 wurden Schreibmaschinen produziert, zuletzt die elektronische Kleinschreibmaschine vom Typ S 3004. Den ökonomischen Herausforderungen nach dem Umbruch 1989/90 und der nun nicht mehr staatlich subventionierten Produktion war der Betrieb nicht gewachsen.

Das einstige Industriegelände verkam in den folgenden Jahren zu einer der größten Industriebrachen Erfurts. Erst Ende der 1990er-Jahre wurde auf dem ehemaligen Betriebsgelände ein neuer urbaner Lebensraum geschaffen, in dem sich Wohnen, Kultur und Industriearchitektur des 19. und 20. Jahrhunderts mit moderner Architektur verbinden. Es gab nach der Wende aber auch Versuche einer Privatisierung. 1990 wurde die Robotron-Optima GmbH mit einem Stammkapital von 80 Mio. Mark als direkter Nachfolger der Optima gegründet. Bereits zwei Jahre später beschloss die Gesellschafterversammlung die Auflösung der Gesellschaft und leitete die Liquidation ein. Die Schreibmaschinenproduktion konnte 1999 nach Mexiko verkauft und die Liquidation 2003 abgeschlossen werden. Ein Vermerk im Handelsregister vom 11. Juni 2003 lautet: „Die Firma ist erloschen." Wohin das Geld verschwunden ist, kann heute niemand mehr nachvollziehen.

Bereits vor der Liquidation und der Löschung der Firma Robotron-Optima GmbH am 11. Juni 2003 gab es einen weiteren, doch letztendlich auch erfolglosen Versuch, die Zugkraft des Namens „Optima" für die Produktion und Montage sowie den Vertrieb von Schreibmaschinen und allerlei bürotechnischer Produkte zu nutzen. Mit der Firmierung Optima Schreibmaschinenwerk Erfurt GmbH und einem Stammkapital von 25.000 Euro wurde am 17. Februar 2000 eine Firma in das Handelsregister eingetragen. Doch schon am 1. April 2004 eröffnete das Amtsgericht Erfurt (Az. 172 IN 122/04) ein Insolvenzverfahren. Nach der Schlussverteilung war das Insolvenzverfahren am 7. August 2009 abgeschlossen und die Gesellschaft wurde wegen Vermögenslosigkeit am 27. Januar 2020 aus dem Handelsregister gelöscht.

Seitdem gehört die Optima endgültig der Industriegeschichte an. Heute erinnern nur noch die Bauhüllen der „Zentralheize" und wenige Bürogebäude auf dem einstigen Betriebsgelände an den früher so prestigeträchtigen Betrieb in dem unzählige Erfurter einst arbeiteten.

In der Automatendreherei im Gebäude 56 der Olympia-Werke ist der Lärm fast spürbar. Das Foto entstand vor 1945.

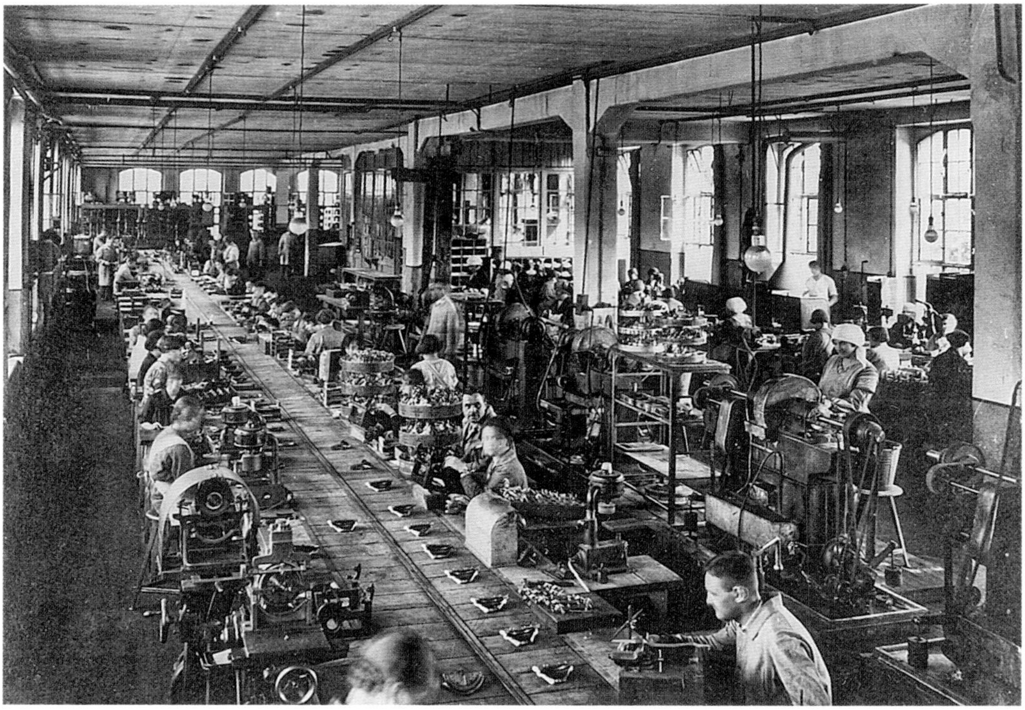

Der Blick in eine Montagehalle wurde 1926 von einem unbekannten Fotografen aufgenommen. Zu sehen ist, wie die Einzelteile der Schreibmaschine „Mignon" montiert werden.

Ein Messestand der Optima präsentiert die Kinderschreibmaschine „Bambino", aufgenommen 1955.

◄ Im Gebäude 52 der Deutschen Werke AG, Werk Erfurt, wurde die Schreibmaschine „Mignon" hergestellt. Das Foto aus dem Jahr 1926 zeigt die Teilfabrikation.

Von den 1950er- bis in die 1980er-Jahre veröffentlichten alle Großbetriebe in Erfurt eigene Betriebszeitungen. Die Optima gab „Das neue Werk" heraus, im Funkwerk erschien das „Funkwerk-Echo", bei Umformtechnik (VEB Schwermaschinenbau Erfurt Pels) war es das „Schwungrad". Im VEB Schuhfabrik „Paul Schäfer" hieß die Betriebszeitung „Patriot". Im VEB Starkstromanlagenbau gab es die Betriebszeitung „Kontakt" und die Parteiorganisation (der Sozialistischen Einheitspartei Deutschlands (SED)) des VEB Erfurter Ventilatoren- und Apparatebau gab den „E.V.A.-Spiegel" heraus.

2

Funkwerk Erfurt

1936 eröffnete die Berliner Telefunken Gesellschaft für drahtlose Telegrafie m.b.H. eine Zweigniederlassung in Erfurt. Die benötigten Produktionsräume mietete die Gesellschaft von den bereits auf dem Gelände ansässigen Olympia-Werken und begann im März 1937 mit der Produktion. Vor allem Aufträge der deutschen Wehrmacht wurden in Erfurt ausgeführt und 70 Prozent des Bedarfs an Elektronenröhren mit der Produktion gedeckt. Die dazu benötigten technischen Vorgaben kamen aus der Berliner Zentrale, eine eigene Entwicklungsabteilung gab es nicht. Unter anderem wurden der „Theodor-Empfänger" und der „Horst-Funkhorchempfänger" montiert.

Aus dem Telefunkenwerk Erfurt ging das Funkwerk Erfurt hervor, das im Jahr 1956 der zweitgrößte Arbeitgeber in Erfurt war. Mitte der 1960er-Jahre begann die Umprofilierung auf Halbleitertechnik und in den Werkhallen wurden Dioden und Transistoren hergestellt. Ab 1964 war die neue Aufgabe die Fertigung von Starkstrom-Gleichrichterbauelementen bei gleichzeitiger Reduzierung der Produktion von elektrotechnischen Messgeräten.

Ende der 1970er-Jahre begann in Erfurt die Produktion von mikroelektronischen Elementen. Eine 1971 von Eberhard Reppold (Weimar) geschaffene Skulptur vor dem Haupteingang am Gothaer Platz nahm Bezug auf diese wegweisende Technik. Der Originaltitel der Großskulptur lautete „Der Mensch als Beherrscher der Wissenschaft", doch die überwiegend weiblichen Betriebsangehörigen änderten Namen und Bestimmung des Kunstwerkes in „Vergiss die Pille nicht!".

Neben wichtigen Exportgütern wurden auch Konsumgüter hergestellt, wie in den 1980er-Jahren der Schachcomputer SC2 (1983). Viele Schülerinnen und Schüler der Erfurter Schulen absolvierten den im Lehrplan ab der 7. Klasse vorgesehenen „Unterrichtstag in der Produktion" (UTP) in Produktionsbereichen des Funkwerks Erfurt. Scherzhaft bezeichneten die Schüler den UTP auch als „Uninteressante Tätigkeit in Produktionsnähe". So montierten und testeten sie zum Beispiel einen Belichtungszeit-Automaten für Hobby-Fotografen. Die Räumlichkeiten bot die Lehrwerkstatt des VEB Funkwerk im ehemaligen Produktionsgebäude der Lampenfabrik Stübgen in der Thälmannstraße, nahe des heutigen Schmidtstedter Knotens.

Wie auch der benachbarten Optima gelang es dem VEB Funkwerk Erfurt nicht, sich den neuen Gegebenheiten der Zeit anzupassen. Nach 1989 gründete sich die ERMIC GmbH aus dem Funkwerk Erfurt, die jedoch bereits im Dezember 1991 die Geschäfte aufgab. Danach versuchte die MTB GmbH Elektronischer Gerätebau, Werk Erfurt, die Produktion aufrechtzuerhalten. Doch auch sie war letztendlich zum Scheitern verurteilt. Heute nutzt die Stadtverwaltung Erfurt zwei der Plattenbauten, die Ende der 1970er-/Anfang der 1980er-Jahre als Gebäude für die Entwicklungsabteilung des VEB Funkwerk errichtet wurden.

Ein Sonderling aus der Produktpalette des Funkwerks war eine Musikbox namens „Polyhymat". Vielleicht erinnern sich manche noch an die in einigen Gaststätten aufgestellten

Musikboxen. Nach Einwurf von 20 Pfennigen konnte man einen aus 80 Musiktiteln auswählen. Ursprünglich war diese Musikbox vom Erfurter Unternehmer Julius Görner entwickelt worden. Bereits vor 1945 hatte er allerorten Spiel- und Musikautomaten aufgestellt und betrieben, die er überwiegend aus den USA importierte. Anfang der 1950er-Jahre hatte er in der DDR sogar den Alleinvertrieb und Service dafür. Für die Wartung der Musikboxen beschäftigte Görner einen Ingenieur und bis zu fünf weitere Mitarbeiter. Da es bei den amerikanischen Musikboxen immer wieder Probleme mit dem Abspielmechanismus gab, konstruierte Görner selbst eine Musikbox, bei der die Schallplatten senkrecht abgespielt wurden. Ende der 1950er-Jahre war die erste Musikbox fertig.

Die Produktion der Görner KG war über private Beziehungen eng mit dem Erfurter Funkwerk verflochten. Einzelteile für die Box wurden in den Lehrwerkstätten des Funkwerks gebaut und die Gehäuse entstanden in der Funkwerk-Tischlerei. Eine Serienproduktion war für die Görner KG aus Kapazitätsgründen nicht möglich. Es gelang Görner jedoch, die zuständigen Stellen zu überzeugen, die Musikbox als Konsumgut im Funkwerk fertigen zu lassen. Nach einigen Verbesserungen an der Konstruktion und der Fertigungstechnologie verließ am 14. Dezember 1962 die erste Musikbox (Modell 80B) das Werk II des Erfurter Funkwerks. Im März 1966 konnte die 1.000. Musikbox ausgeliefert werden. Die letzte Weiterentwicklung zum Modell 80F wurde im Oktober 1967 abgeschlossen. Zur Serienproduktion kam es leider nicht, weil von den Wirtschaftslenkern der DDR beschlossen wurde, im Funkwerk Erfurt die Halbleiterproduktion aufzunehmen. Insgesamt produzierte die Görner KG rund 1.500 Musikboxen, die jeweils etwa 10.000 DDR-Mark kosteten. Wie die meisten Betriebe mit staatlicher Beteiligung wurde auch die Görner KG 1972 vollständig verstaatlicht.

Die einstige Gaststätte „Brühler Terrasse" am Gothaer Platz war ab 1950 das Klubhaus des VEB Funkwerk. Die Aufnahme entstand um 1900.

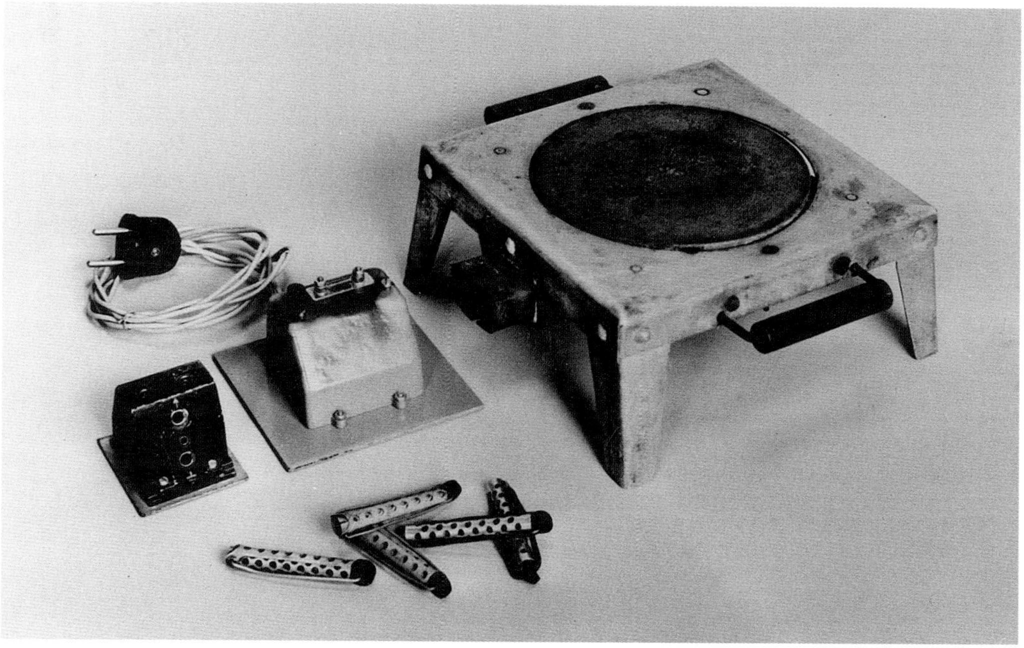

Nach dem Zweiten Weltkrieg wurde bis 1948 eine Notproduktion aufrechterhalten. Erzeugnisse des Funkwerks Erfurt waren u.a. elektrische Kochplatten und Lockenwickler.

Thüringer Technikschau in der Thüringenhalle im September 1948, ausgestellt wurden Radios und Messtechnik aus dem Funkwerk Erfurt.

Anfang der 1960er-Jahre war ein neues Produktionsgebäude des Funkwerks Erfurt errichtet worden. Den Blick über die Flächen der einstigen Gärtnerei Benary (VEG Saatzucht Erfurt) fing Helmut Peinhardt ein.

Dieses Foto zeigt das Konstruktionsbüro im VEB Funkwerk Erfurt im Jahr 1963.

„Was haste en innem Bittel?" „Na jede Menge, un Geld habsch au noch!" Das ist eines meiner Lieblingsfotos aus dem Bestand des Stadtarchivs Erfurt. Helmut Peinhardt fotografierte 1964 das neu errichtete Produktionsgebäude des VEB Funkwerk Erfurt und ganz nebenbei die zwei Jungs, die offensichtlich überlegen, ob sie sich vom restlichen Geld noch eine Kugel Eis im „Burg-Café" kaufen können.

Dieses Foto zeigt den Haupteingang des VEB Funkwerk Erfurt und die Haltestelle Gothaer Platz im Mai 1989. Der Bereich zwischen der Straßenbahn und dem Gebäude in der Bildmitte wurde scherzhaft „Plattensee" genannt; zum einen, weil eine Menge Waschbetonplatten verlegt worden waren, und zum anderen, weil sich nach starken Regenfällen ein flacher See bildete.

Am 26. Juni 1971 wurde die Großplastik „Der Mensch als Beherrscher der Wissenschaft" von Eberhard Reppold (Weimar) offiziell an den VEB Funkwerk Erfurt übergeben. Nach der Wende wurde die Plastik demontiert und eingelagert.

BETRIEBSFESTSPIELE

Lange Zeit fand dieses Firmenlogo des Funkwerks Erfurt Verwendung, fotografiert im Elektromuseum Erfurt am 11. März 2009.

Das Funkwerk Erfurt stellte unter anderem den Schachcomputer SC 2 (1983) her. Das Foto zeigt einen solchen aus dem Bestand des Elektromuseums Erfurt.

3

J. A. John / Henry Pels – Berlin-Erfurter Maschinenfabrik

Johann Adam John (1811–1898), gelernter Zeugschmiedemeister, gründete 1839 eine Maschinen- und Blechwarenfabrik in Erfurt und wurde erstmals im Adressbuch der Stadt für das Jahr 1841 namentlich genannt. Neben allerlei Öfen und Herden bot John Eisenkurzwaren wie Nägel, Tür- und Torbeschläge und Werkzeuge aller Art für Handwerker, aber auch Haus- und Küchengeräte in seinen Geschäftsräumen in der Marktstraße 41/42 und Allerheiligenstraße 1 an. Die Geschäfte liefen so gut, dass John seine Produktpalette bald erweitern konnte.

Sein Sohn Hugo (1858–1911) machte im väterlichen Betrieb eine Lehre und übernahm die Firma nach dem Tod seines Vaters. Es gelang Hugo John, den Familienbetrieb als einen führenden Hersteller von Metallbearbeitungsmaschinen, Schornsteinaufsätzen, Heizungsanlagen, Wäschereimaschinen und Dauerbrandöfen zu etablieren. Um die Jahrhundertwende gliederte Hugo John den Maschinenbau aus den anderen Geschäftszweigen aus und gründete gemeinsam mit dem Unternehmer Henry Pels 1902 die Berlin-Erfurter Maschinenfabrik Henry Pels & Co., kurz auch BEM genannt, mit dem Hauptsitz in Berlin und einer Zweigniederlassung in Ilversgehoven im Norden Erfurts. Den Rest des väterlichen Unternehmens wandelte Hugo John noch im selben Jahr in eine Aktiengesellschaft um. Das Unternehmen J. A. John AG führte nach Hugo Johns Tod dessen Sohn Hermann erfolgreich weiter. Selbst die beiden Weltkriege überstand die Firma ohne größere Einbußen. Ein Treuhänder verwaltete vom 27. Juli bis 7. September 1945 den Betrieb, der dann am 20. November 1945 von der Thüringischen Verwaltungsgesellschaft beschlagnahmt wurde (Befehl 124 der SMA). Ihrerseits setzte sie Fritz Schultheiss als Alleinbevollmächtigten ein.

Henry Pels (1865–1931) stammte aus Hamburg. Nach einer kaufmännischen Lehre begann er 1885 seine Tätigkeit für die Berliner Maschinenfabrik Arthur Koppel und erhielt bereits nach zwei Monaten die Handlungsvollmacht. 1897 kehrte Pels in seine Heimatstadt zurück und gründete dort eine Handelsfirma für Werkzeugmaschinen, die er 1894 nach Berlin verlegte. Henry Pels war Alleinvertreter der Erfurter Maschinenfabrik J. A. John. Mit Hugo John gründete er die oben genannte BEM. Blechbearbeitungsmaschinen für die Umformung von Stahlblechen waren die wichtigsten Produkte. Während des Ersten Weltkrieges lieferte die Firma Lastkraftwagen. Ab 1924 belieferte sie auch die Automobilindustrie. Filialen gab es in ganz Europa und in New York. Die Umwandlung der bisherigen Gesellschaft mit beschränkter Haftung in eine Aktiengesellschaft erfolgte 1922. Nach dem Tod von Henry Pels 1931 übernahmen die zur Quandt-Gruppe gehörenden Industriewerke Karlsruhe AG die Firma. Spätestens 1940 wurde das Unternehmen „arisiert". Die Überführung in die Sowjetische Aktiengesellschaft für Maschinenbau war am 21. Oktober 1946 abgeschlossen. Später gehörte der VEB Pressen- und Scherenbau „Henry

Pels“ zu den KWU (Kommunale Wirtschaftsunternehmen), bis 1969 wurde die Firma als VEB Umformtechnik geführt und anschließend als Kombinat Umformtechnik Erfurt „Herbert Warnke“. Die meisten Erfurter sagten aber nach wie vor „Pels“. Nach 1990 erfolgte die erfolgreiche Privatisierung des Unternehmens. Heute firmiert es als Schuler Pressen GmbH.

1895 entstand dieses Foto im Eisenwarenladen J. A. John in der Allerheiligenstraße 1. Das Geschäft zeigt sich noch fast im gleichen Zustand wie zur Gründung des Unternehmens 1839. So soll es sein: zwei Verkäufer für einen Kunden. Der Kunde ist Prof. Panning vom Realgymnasium (Bildmitte, mit Hut).

Im Adressbuch der Stadt Erfurt aus dem Jahr 1893 warb Johann Adam John für die Waschmaschine „Volldampf“, eines seiner vielen Erzeugnisse. ▸

John's „Volldampf"-Waschmaschine

mit transportablem

Sparofen.

Gegen Nachahmung geschützt
durch Gebrauchsmusterschutz
Nr. 879.

J. A. John

Allerheiligenstrasse 1. Marktstrasse 41/42.

Eisenwaaren- und Ofenhandlung.

Magazin für Haus- und Küchengeräthe.

Fabrik Pilse 8.

Eisen- u. Wellblech-Constructionen.

Bau- und Kunstschlosserei.

Bau- und Schwarzblech-Klempnerei, Tischlerei.

Technisches Bureau.

Kinder der Familie John auf der Treppe des Wohn- und Geschäftshauses in der Schwerborner Straße 1: v.l. Wilhelm John, Johanna John, n.n., Vetter Franz Stübgen. Die Aufnahme entstand am 14. Oktober 1906.

Im Ausstellungsraum der Metallwarenfabrik J. A. John in der Allerheiligenstraße 1 wurden die Produkte dem Publikum präsentiert. Das Foto entstand um 1900.

Heute kennt wohl jeder Spam- oder Junk-Mails. Bereits 1911 wurden Werbe-Nachrichten versendet, allerdings deutlich gediegener und mit handgeschriebener Adresse. Empfänger war seinerzeit ein gewisser Hochwohlgeboren Herrn Rentner C. v. Otto, Blankenburg (Harz).

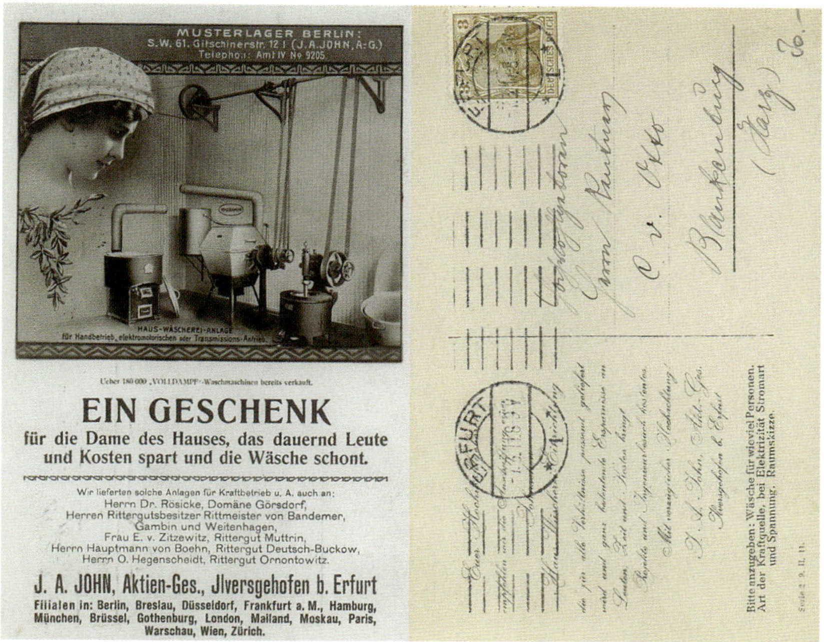

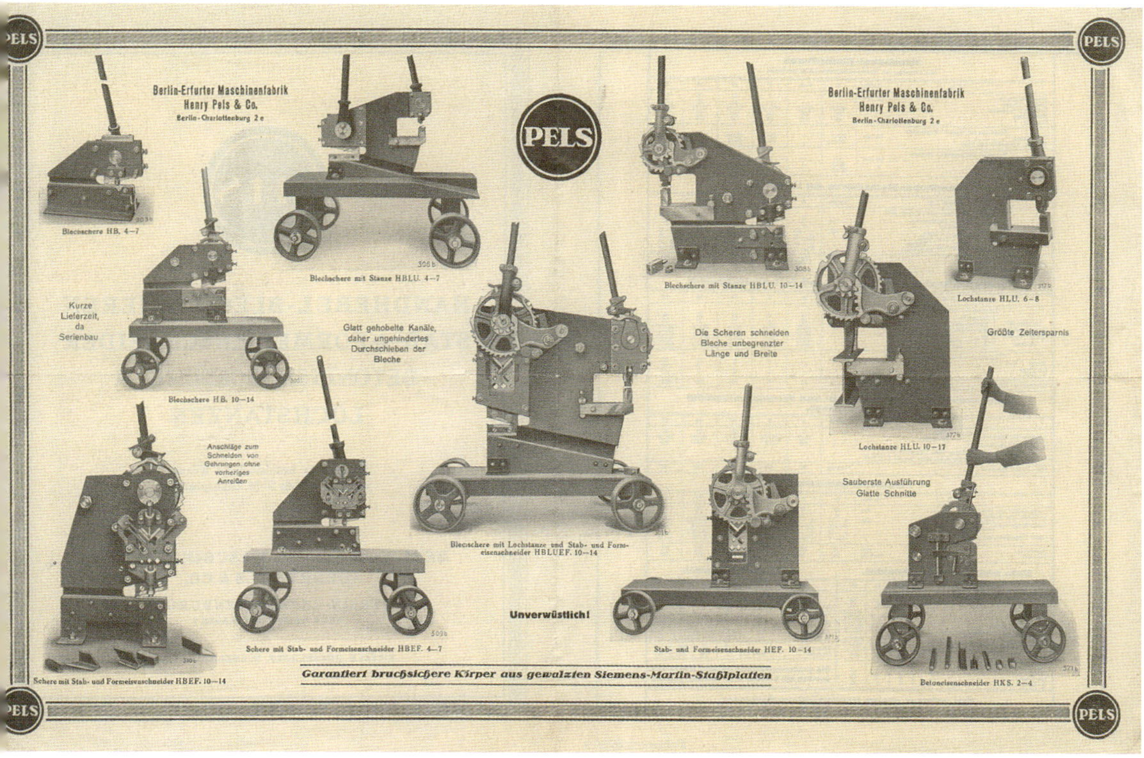

Zur Produktpalette der Berlin-Erfurter Maschinenfabrik gehörten verschiedene Handhebelscheren (Auszug aus einem Katalog, um 1930).

Blick in die Montagehalle der Berlin-Erfurter Maschinenfabrik um 1930.

Nach 1945 wurden auch dringend benötigte Fensterrahmen hergestellt.

In der Großmontagehalle des VEB Pressen- und Scherenbau Henry Pels wird eine Knüppelkaltschere mit einer Kraft von 1.000 Tonnen montiert. Das Foto nahm Karl-Heinz Hecker 1959 auf.

Auf dem Anschlussgleis im Werksgelände des VEB Pressen- und Scherenbau Henry Pels wartet eine Tafelpresse für das Walzwerk Ilsenburg auf den Weitertransport. Das Foto entstand 1951.

Sabine Vogler fotografierte im Juni 1989 das Verwaltungsgebäude des Kombinats Umformtechnik „Herbert Warnke" kurz vor dessen Abriss. Das Gebäude wurde 1974 zum 25. Jahrestag der DDR fertiggestellt und zur Nutzung übergeben.

4

Maschinenfabrik Christian Hagans

Wer hätte gedacht, dass Erfurt einst eine bedeutende Rolle in der Fertigung von Lokomotiven spielte. Christian Hagans (1829–1908) gründete seine Maschinenfabrik und Eisengießerei 1857. Neben Gießereierzeugnissen wie Räder, Riemenscheiben und Ofenplatten fertigte Hagans auch Torpfeiler, Säulen und Gitterfelder für Balkone und Gartenpavillons. Ein weiteres Betätigungsfeld war die Blechschlosserei. Hier stellte die Firma Behälter mit einem Fassungsvermögen von bis zu 20.000 Litern her. Die Arbeiter der Maschinenbauabteilung produzierten Drehbänke, Fräs- und Hobelmaschinen. 1873 eröffnete Hagans eine Fabrikation für stationäre Lokomobile und Lokomotiven. In rund 45 Jahren produzierte die Firma Hagans 1.252 Lokomotiven und lieferte knapp 28 Dampfrösser pro Jahr aus.

Hermann Hagans (1862–1909), dem Sohn des Firmengründers, gelang es schließlich, dass die Firma auch Aufträge der Preußischen Staatsbahn erhielt. Während der Verhandlungen mit dem zuständigen Geheimen Rat Garbe ließ Hagans durchblicken, dass er wisse, wie viel die Firma Henschel aus Kassel dem Herrn Geheimen Rat zukommen ließe, um die Lieferaufträge zu erhalten. Er stellte Garbe vor die Wahl, dessen Vorgesetzten zu informieren oder das „Fässchen Beaujolais hereinzurollen". Man einigte sich auf das Fässchen Wein und fünf Prozent Umsatzbeteiligung. Zwischen 1879 und 1897 produzierte die Firma Hagans auch für den Export. Insbesondere Italien war Abnehmer für Hagans-Lokomotiven, aber auch Australien bestellte für eine Eisenbahnstrecke in Tasmanien. 1903 kaufte Hagans ein Grundstück in Ilversgehoven und baute neue Fabrikationshallen. Da das Grundstück über einen Gleisanschluss verfügte, waren die umständlichen Transporte von der Kartäuserstraße mit von Pferden gezogenen Tiefladern zum Bahnhof nicht mehr erforderlich. Mit dem Tod des Firmengründers 1908 und dem Tod dessen ältesten Sohnes ein Jahr später lag die Verantwortung in den Händen von Otto (1868–1943) und Fritz Hagans (1869–1945). In den neuen Gebäuden in Ilversgehoven wurden eine Kantine und weitere Sozialeinrichtungen für die Arbeiter eingerichtet. Dem Schankwirt Wilhelm Schellhaase wurde „… auf sein Nachsuchen die polizeiliche Erlaubnis zum Betriebe der Kantinenwirtschaft der Lokomotivfabrik Hagans in Ilversgehoven auf Grund der Gewerbeordnung vom 21. Juni 1869 (Reichsgesetzblatt […] 1883 Seite 177 u.ff.) […] erteilt. Diese Konzession gilt nur für die vorbezeichnete Person und das Lokal Haus No. [nicht ausgefüllt] Straße zu Ilversgehoven. Erfurt, den 2. Juli 1909 – der Kreis Ausschuß des Landkreises Erfurt."

Zu Beginn des Ersten Weltkrieges sahen die Inhaber Otto und Fritz Hangans keine Möglichkeiten mehr, die Firma zu halten, und verkauften am 30. Juni 1915 an die Rudolf Wolf AG in Magdeburg-Buckau. Die Fertigung in Erfurt und auch der Name Hagans blieben erhalten. Am 17. Dezember 1920 wurde die 1.000. Lokomotive, eine Dampflok der Gattung P8, ausgeliefert. Die Lokomotive mit der Fabriknummer 1.252 war schließlich die letzte, die in Erfurt hergestellt wurde. Die R. Wolf AG schloss die Erfurter Fabrikation 1928.

Christian Theodor Benjamin Hagans (27. September 1829–26. August 1908) gründete 1857 die Maschinenfabrik und Eisengießerei Hagans.

Nach Fertiggestellung wurde die Lokomotive Nr. 79 (Baujahr 1878) auf einen Transportwagen verladen und mit fünf PS zum Bahnhof transportiert. ▲

Um 1880 waren in Zeitungen, Zeitschriften und Katalogen Abbildungen von Hagans-Lokomotiven zu finden.

Zwei Mechaniker stehen an der Kreisbahn-Lok Nr. 8. Das Foto entstand um 1880.

Dieses Foto zeigt die Lokomotivfabrik Hagans in der Kartäuserstraße im Jahr 1900.

Am 29. März 1904 wurde die 500. Lokomotive ausgeliefert.

An der Fassade der 1903 errichteten Werkhalle in der Mittelhäuser Straße 76/77 ist deutlich der Schriftzug „R. Wolf A.G." zu sehen. Das Foto entstand nach 1915.

Auch das Geschäfts- und Wohnhaus in der Mittelhäuser Straße 76/77 wurde 1915 an die R. Wolf AG verkauft.

In der Werkstatt werden die Führerstände und weitere Aufbauten für die Lokomotiven vorbereitet. Das Foto entstand im Jahr 1915.

5

Glockengießerei Wittrien

Bei meinen Recherchen zu diesem Kapitel stellte ich fest, dass das traditionsreiche Handwerk des Glockengießens seit einigen Jahren als zulassungsfreies Handwerk gilt. Es gibt weder einen Ausbildungs- noch Meisterzwang. Jeder, der es sich zutraut, Glocken zu gießen, dürfte dies tun und sich sogar Glockengießer nennen. Das Handwerk in langen Jahren erlernen kann man, muss man aber nicht. Dass dieses einst ehrbare Handwerk so aus der (Handwerker-)Rolle fällt, ist schade, aber sicherlich im Zusammenhang mit der Nachfrage nach Glocken zu sehen. Glocken sind sehr langlebige Güter und versehen über viele Jahrhunderte ihren täglichen Dienst in Kirchtürmen, in Glockenspielen, auf Schiffen oder anderswo. Der Bedarf an neuen Glocken ist also überschaubar. Dennoch stehen Glocken immer für das handwerkliche Können ihrer Erzeuger und zeugen über sehr große Zeiträume von der Kunst des Glockengießens.

In der Vergangenheit gab es in Erfurt zahlreiche Glockengießer, viele davon haben sich einen guten Ruf erarbeitet, wie Johannes Brune, der ab 1465 nachweisbar in Erfurt tätig war und unter anderem 1481 für den Bartholomäusturm am Erfurter Anger eine große Glocke goss. Sie wurde 1942 zusammen mit den drei weiteren Glocken im Bartholomäusturm der Reichsmetallstelle übergeben. Anfang der 1950er-Jahre kam die Glocke von Johannes Brune als einzige aus dem Bestand des Bartholomäusturmes wieder nach Erfurt zurück und kann noch heute im Predigerkloster vor dem Refektorium betrachtet werden. Ein weiterer Meister seines Faches war Hans Abentbrot, der 1503 die sogenannte Taufglocke in der Michaeliskirche goss. Beinahe wäre diese Glocke 1923 unwiederbringlich verloren gewesen, denn Diebe hatten sich Zugang zum Turm und in die Glockenstube verschafft und die Taufglocke einem Altwarenhändler angeboten. Dieser konnte jedoch weiteres Ungemach verhindern. Ein weiterer klangvoller Name unter den Erfurter Glockengießern ist Nicolaus Jonas Sorber, der im 18. Jahrhundert Glocken für den Erfurter Mariendom goss. Benjamin Sorge folgte im 19. Jahrhundert.

Christian Störmer ist seit 1882 im Adressbuch der Stadt Erfurt nachweisbar und wird dort auch bereits als Glockengießer bezeichnet. Das Jahr 1886 markiert dann die Gründung seiner eigenen Glockengießerei, zunächst in der damaligen Löbergera 25 (heute Löberstraße 15). Von Beginn seiner Gießertätigkeit an gehörten Schiffsglocken mit zum Fertigungsprogramm. Voller Stolz berichtete Störmer in einer Firmenbroschüre, dass er 1913 den HAPAG-Dampfer „Imperator" mit Schiffsglocken ausgerüstet hat. Über 260 Orte hat er im Laufe der Firmengeschichte mit „einer oder mehreren" Glocken beliefert. Die entsprechenden und notwendigen Armaturen und Glockenstühle wurden selbstverständlich gleich mitgeliefert. Spätestens 1928 bezog Störmer neue Fabrikgebäude in der Weimarischen Straße 16 und erweiterte seine Firma deutlich. Nun konnte er auch größere Glocken gießen, denn in der Löberstraße war dafür nicht genügend Platz gewesen.

In den 1930er-Jahren übernahm Kurt Wittrien die Glockengießerei. Im Adressbuch von 1931/32 wird Kurt Wittrien zwar als Buchhalter geführt, aber die Geschäftsadresse Weimarische Straße 16 passt. 1935 taucht Kurt Wittrien gleich zweimal im Adressbuch auf: Weimarische Straße 16 und Weimarische Straße 34. Nun wird er auch als „Erz- und Glockengießer" bezeichnet. Sein Sohn Manfred übernahm Mitte der 1950er-Jahre die väterliche Glockengießerei und führte sie erfolgreich weiter. 1958 erhielt er seinen Meisterbrief als Former, Metall- und Glockengießer. 1979 äußerte sich Manfred Wittrien in einem DEFA-Dokumentarfilm, dass er „keinen Auftragsmangel" befürchte, denn besonders die Kooperation mit den DDR-Schiffswerften sichere ihm genügend Aufträge, schließlich sei er in der DDR Alleinhersteller von Schiffsglocken. Nicht nur die Schiffe der DDR-Handelsflotte wurden mit Glocken aus Erfurt ausgestattet, auch auf den Ausflugsschiffen der „Weißen Flotte" auf Elbe, Spree und Oder wurden die akustischen Signale mit Wittrien-Glocken gegeben. Von den rund 24.000 Glocken aus der Gießerei Wittrien gingen fast 80 Prozent in den Export. Prestigeträchtige Projekte waren unter anderen der Guss von vier Glocken für das Albert-Schweitzer-Hospital in Lambarene (Gabun) und eine Läuteglocke für eine Kirche im Raum Arusha (Tansania) unterhalb des Kilimandscharo. Die Weltausstellung 1992 in Sevilla (Expo '92) wurde ebenfalls mit einer Glocke aus der Erfurter Werkstatt eingeläutet und noch heute ruft eine kleine Handglocke von Wittrien die Abgeordneten des Thüringer Landtages zur Ordnung. Ein ganz besonderer Auftrag war die Herstellung einer Erinnerungsmedaille zur Eröffnung des Erfurter Carillons im Bartholomäusturm im Jahr 1979. Vermutlich gibt es nur 30 Exemplare dieser Medaille, wohl dem Anlass der Eröffnung, dem 30. Jahrestag der DDR, geschuldet. Wie viele davon noch erhalten sind, ist ungewiss.

Auf der Thüringer Technikschau in der Thüringenhalle im September 1948 hatte Glockengießer Kurt Wittrien einen eigenen Stand, an dem er seine Erzeugnisse präsentierte.

Die von Johannes Brune 1481 gegossene Glocke für den Bartholomäusturm ist ein Beispiel für die Kunstfertigkeit der Erfurter Glockengießer im ausgehenden Mittelalter.

Die alte Thomaskirche in der Löberstraße wurde 1903 abgerissen. Auf dem Foto gut zu erkennen ist die Restauration Gustav Hegelmann, im Volksmund auch „Fröhliche Leichenhalle" genannt, da die Leichenbestatter nach den Beerdigungen auf dem damaligen Südfriedhof hier gern ihr Feierabendbier tranken. Auch der Hinweis auf die „Metallwaren Fabrik Chr. Störmer" am Nachbarhaus ist deutlich zu sehen.

Die Taufglocke in der Michaeliskirche, gegossen von Hans Abentbrot im Jahr 1503. ▼

6

Lampenfabrik Stübgen

Friedrich August Stübgen (1819–1877) ließ sich 1843 im Junkersand als Klempner und Metalldrücker nieder. Schon kurze Zeit später bot er Laternen und Lampen sowie andere Blechwaren an. Nach Stübgens Tod übernahmen seine Söhne Gustav (1852–1931) und Julius (1856–1940) die väterliche Werkstatt und verlegten sie von der Pilse/Neue Straße in die Moltkestraße, heute Thälmannstraße. Gustav Stübgen leitete den technischen Bereich, während Julius sich der kaufmännischen Belange annahm.

In den 1920er-Jahren gehörte Stübgen zu den größten Lampenfabriken in Erfurt. Kurz vor Beginn des Zweiten Weltkrieges wurde die Lampenproduktion eingestellt und das Unternehmen als Metallwerk weitergeführt.

1938 ließen die nunmehrigen Firmeninhaber Franz, einziger Sohn von Julius Stübgen, sowie Rudolf und Walter, die Söhne von Gustav Stübgen, eine Kantine für die etwa 500 Betriebsangehörigen einrichten. Deren Betreiber erhielt eine Schankerlaubnis für Bier und alkoholfreie Getränke bis 22.00 Uhr. Allerdings durfte er Getränke nur an die Belegschaft und Bier nur an über 18-Jährige abgeben. Mit Beginn des Zweiten Weltkrieges wurde der Betrieb gänzlich auf Kriegsgüterproduktion umgestellt und unter den damals rund 1.100 Beschäftigten waren zahlreiche Zwangsarbeiter. Diese Tatsache und die umfangreiche Kriegsproduktion waren die Gründe für die Enteignung nach dem Ende des Zweiten Weltkrieges und die ab 1946 erfolgte Demontage der Produktionsstätten.

Eine der Sturmlaternen aus der einstigen Lampenproduktion wurde unter dem Namen „Fledermaus“ vermarktet und war auch mit einer solchen verziert. Bald war diese Fledermaus auch auf den Geschäftsbriefen der Firma zu finden und entwickelte sich zum Markenzeichen. Das an der Fassade des Fabrikgebäudes angebrachte Signet wurde von den russischen Truppen fälschlicherweise als „Reichsadler“ erkannt und natürlich sofort entfernt. Die Umrisse blieben dennoch deutlich und für viele Jahre sichtbar.

1948 richtete die Volkssolidarität, eine kurz nach dem Ende des Zweiten Weltkrieges gegründete Hilfsorganisation, im einstigen Fabrikgebäude Büros ein und auch eine Lehrwerkstatt des VEB Funkwerk Erfurt fand dort Platz (siehe auch Kapitel Funkwerk Erfurt). Nach langem Leerstand wurde das Fabrikgebäude ab 2008 zu einem Wohnhaus umgebaut und das Leben kehrte in das Gemäuer zurück. Die Spuren des Firmensignets sind nach der Sanierung nicht mehr zu sehen.

Julius Stübgen (re.) und sein Sohn Franz.

Firma. A.G. Antoni, Weener, Ostfrs.

Hierdurch teilen wir Ihnen mit, dass wir heute an Ihre werte Adresse zum Versand gebracht haben:

1 Kiste gez.Fr.St.& Co.No.935/1. Brutto 87 kg.

Die Faktura haben wir wie üblich an Ihrem Einkaufsverband "Keramik" in Bremen gesandt.
Wir wünschen Ihnen guten Empfang der Ware.

Wir empfehlen uns Ihnen

hochachtungsvoll

den 18,9,1926.

Fr. Stübgen & Co.

Mit solchen Postkarten kündigte die Firma Stübgen Lieferungen an.

◂ Briefkopf der Firma Stübgen aus dem Jahr 1925.

Das Fabrikgebäude in der Thälmannstraße kurz vor dem Umbau zu Wohnzwecken. Deutlich ist der Schriftzug „Haus der Volkssolidarität" zu sehen.

7

Lampenfabrik Kloepfel & Sohn

Ein weiteres namhaftes Erfurter Unternehmen war die Lampenfabrik Kloepfel & Sohn in der Neuwerkstraße 36a. Über Ernst Heinrich Kloepfels Leben ist wenig bekannt, sein Sterbedatum wird mit 1889 oder 1890 angegeben. Sicher ist jedoch, dass Kloepfel ab 1860 bis etwa 1864 als „Mechanikus" in der Lampenfabrik Stübgen tätig war. Später wurde er Teilhaber der Firma Stübgen. Anfang 1867 beendete er diese Teilhaberschaft und gründete seine eigene Lampenfabrik. Im Adressbuch der Stadt Erfurt für das Jahr 1868 ist Heinrich Ernst Kloepfel, gemeinsam mit seinem Sohn Immanuel, bereits als Lampenfabrikant genannt. In der Firma wurden anfangs Gaslaternen, später Petroleumlampen und schließlich elektrische Lampen gefertigt. Die dazu erforderlichen Maschinen wurden mit Dampf betrieben, ab 1913 mit Elektromotoren.

Aus dem Jahr 1892 ist eine „Arbeitsordnung" der Lampenfabrik Kloepfel & Sohn überliefert, deren Rechtschreibung übernommen wurde. Wie aus der Arbeitsordnung ersichtlich ist, gab es zumindest eine Krankenversicherung. Unter anderem liest man dort:

§ 1 Jeder Arbeiter, der in der Fabrik Aufnahme findet, hat seine Ausweispapiere (Zeugnisse, Arbeitsbuch, Quittungskarte) auf dem Comptoire vorzulegen bezw. zu deponieren [und] diese Arbeitsordnung durch Unterschrift anzuerkennen und ein Exemplar derselben in Empfang zu nehmen. Beim Austritt ist die erhaltene Arbeitsordnung guten Zustandes wieder zurückzugeben, oder mit 25 Pfennigen zu ersetzen.

§ 2 Jeder in der Fabrik beschäftigte Arbeiter hat der Fabrikkrankenkasse beizutreten, ausgenommen wenn er Mitglied einer Hilfskasse ist und dieses monatlich einmal durch Vorzeigung der bis zur nächsten Revision gültigen Quittung nachweist. Wer dies unterläßt, wird so lange von der Arbeit ausgeschlossen, bis Vorlage der Quittung erfolgt.

§ 4 Die Arbeitszeit der erwachsenen Arbeiter dauert 10 Stunden, von morgens 6 Uhr bis abends 6 Uhr, oder von morgens 7 Uhr bis abends 7 Uhr, mit 1 ½ stündiger Mittagspause und einer ¼ stündigen Frühstücks- und Vesperpause. An den Vorabenden der hohen Festtage wird um 5 Uhr geschlossen.

§ 9 […] Wer länger als zwei Tage ohne genügenden Grund ausbleibt, gilt als entlassen.

§ 10 Vorbereitungen zum Weggehen, bevor zum Schluß geläutet ist, sind untersagt und werden mit 20 Pfge. Strafe belegt.

§ 15 Das Trinken von Branntwein und anderen geistigen Getränken ist außer in der Frühstücks- und Vesperpause verboten.

§ 23 Der beim Antritt vereinbarte Lohn wird wöchentlich im Comptoir ausbezahlt.

(Quelle: StAE Sig. 5/411 C-3, Arbeitsordnung K&S 1. Mai 1892)

Der Maurermeister August Groß war ab 1897 für den Umbau der um 1840 im Stil eines Vierseitenhofes errichteten Wohn- und Fabrikationsgebäude in der Neuwerkstraße 25/26 verantwortlich und ordnete sie neu an.

Nach dem Tod des Firmengründers verkauften die Erben das Unternehmen 1909 an Ferdinand Hellmich, der das Geschäft der Lampenherstellung und den Vertrieb als Prokurist in der Lampenfabrik C. Kleemann kennengelernt hatte. Auch dessen drei Söhne stiegen nach und nach in die Firma ein. Arno Hellmich verlegte sich auf das Kaufmännische, Hans Hellmich war als Ingenieur für alles Technische zuständig und Kurt Hellmich übernahm Akquise und Außendienst. So gut vorbereitet konnte Ferdinand Hellmich die Firma zu Jahresbeginn 1932 an seine drei Söhne übergeben und sich zur Ruhe setzen. Bis zu diesem Zeitpunkt hatte Kloepfel & Sohn bereits einige Großaufträge erfolgreich ausgeführt. 1928 hatten sie das neu errichtete Gebäude der Allgemeinen Ortskrankenkasse in der Augustinerstraße mit Beleuchtungskörpern ausgestattet, im selben Jahr die Mitteldeutsche Landesbank am Anger und auch die Lutherkirche in der Magdeburger Allee. Der Neubau der Sparkasse am Fischmarkt (1932) wurde ebenfalls von Kloepfel & Sohn bestückt. In Vorbereitung der Olympischen Spiele 1936 in Berlin gewann die Firma eine nationale Ausschreibung zur Ausstattung aller Sportlerunterkünfte mit Leuchten, so konnte die Firma immerhin 3.500 Exemplare der „Olympia-Leuchte" an das Olympische Dorf ausliefern. Die Leuchten hatte Hans Hellmich wohl selbst entworfen.

Eines der erfolgreichen Produkte von Kloepfel & Sohn war die Tischleuchte Sirius. Für das Kugelgelenk dieser Leuchte hatte Kloepfel sogar ein Patent angemeldet. Auf manchen Schreibtischen steht diese Leuchte heute noch.

Bei allen wirtschaftlichen Erfolgen war eine vorübergehende Enteignung nach dem Ende des Zweiten Weltkrieges nicht abzuwenden. Doch gelang es kurze Zeit später, die Produktion wieder aufzunehmen. Anfang der 1950er-Jahre mussten die Firmeninhaber einer staatlichen Beteiligung zustimmen und 1972 wurden sie schließlich enteignet und Kloepfel & Sohn firmierte ab 28. Juni 1972 als VEB Leuchtenbau Erfurt. Die einstigen Inhaber der Firma wurden ausbezahlt, wobei sie nicht uneingeschränkt über ihre finanziellen Mittel verfügen durften. Bis 1990 war der VEB Leuchtenbau Erfurt im Exportgeschäft und auch im Inland aktiv.

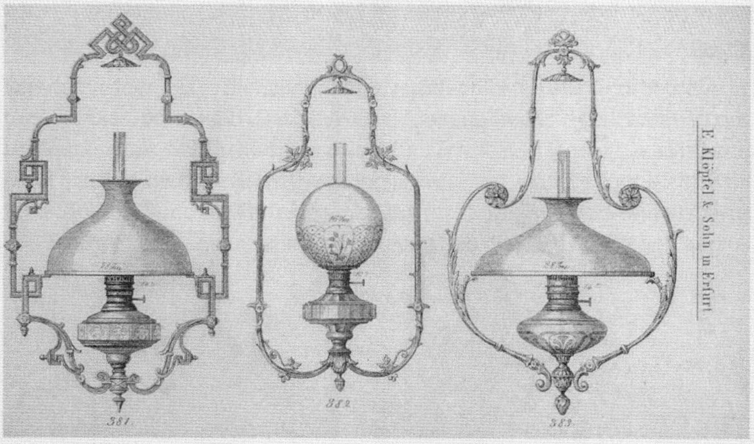

Zeichnungen der lieferbaren Erzeugnisse.

Die Rechnung Nr. 8847 vom 19. November 1894. Obwohl die Lieferung mit der Bahn versandt wurde, war die Rechnung bereits am 7. Dezember 1894 beglichen worden. ►

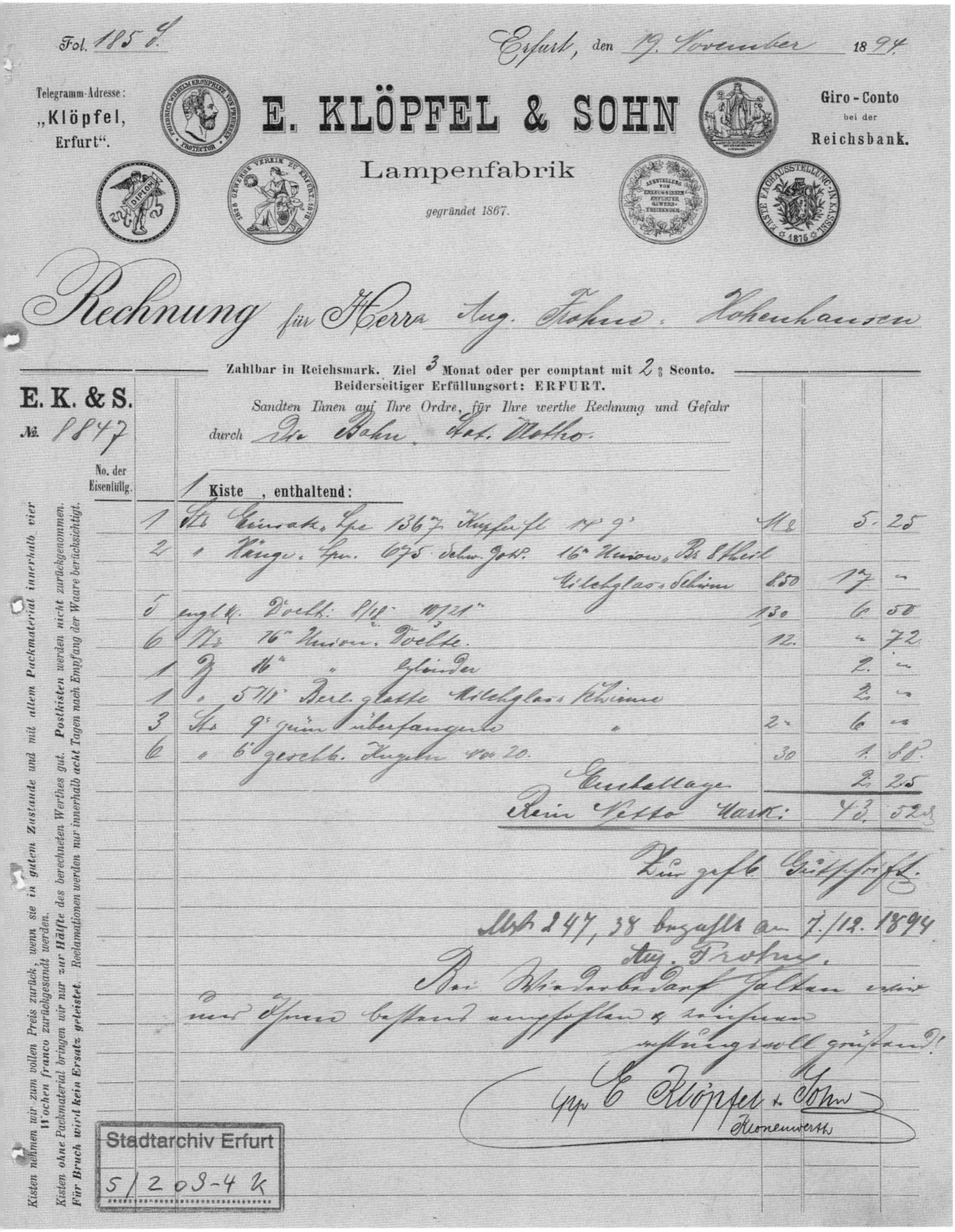

Fol. 185 [illegible]

Erfurt, den 19. November 1894.

Telegramm-Adresse: „Klöpfel, Erfurt".

E. KLÖPFEL & SOHN

Lampenfabrik

gegründet 1867.

Giro-Conto bei der Reichsbank.

Rechnung für Herrn Aug. Frohne, Hohenhausen

Zahlbar in Reichsmark. Ziel 3 Monat oder per comptant mit 2 % Sconto.
Beiderseitiger Erfüllungsort: ERFURT.

E. K. & S.
№ 1847

Sandten Ihnen auf Ihre Ordre, für Ihre werthe Rechnung und Gefahr
durch [illegible]

No. der Eisenbüllg.

1 Kiste, enthaltend:

1	Stk. [illegible] Lpe 1367 [illegible] 14'''	[illegible]	5	25
2	" Hänge-Lpen. 675 [illegible] 16'' [illegible]			
	[illegible]	8.50	17	–
5	[illegible] 10/21''	1.30	6	50
6	[illegible] 16'' [illegible]	12.	–	72
1	[illegible] 16'' " Cylinder		2	–
1	" 5''' [illegible] glatte Milchglas-Schirme		2	–
3	Stk. 9'' [illegible]	2.–	6	–
6	" 6'' [illegible]	30	1	80
	Emballage		2	25
	Rein Netto Mark:		43	52

[illegible]

Mk. 247,38 bezahlt am 7.12.1894
Aug. Frohne.

Bei Wiederbedarf halten wir uns Ihnen bestens empfohlen & zeichnen hochachtungsvoll grüßend!

pp. E. Klöpfel & Sohn
[illegible]

Kisten nehmen wir zum vollen Preis zurück, wenn sie in gutem Zustande und mit allem Packmaterial innerhalb vier Wochen franco zurückgesandt werden.
Kisten ohne Packmaterial bringen wir nur zur Hälfte des berechneten Werthes gut. Postkisten werden nicht zurückgenommen.
Für Bruch wird kein Ersatz geleistet. Reclamationen werden nur innerhalb acht Tagen nach Empfang der Waare berücksichtigt.

Ein Katalog aus dem Jahr 1873 wirbt für die Erzeugnisse der Lampenfabrik.

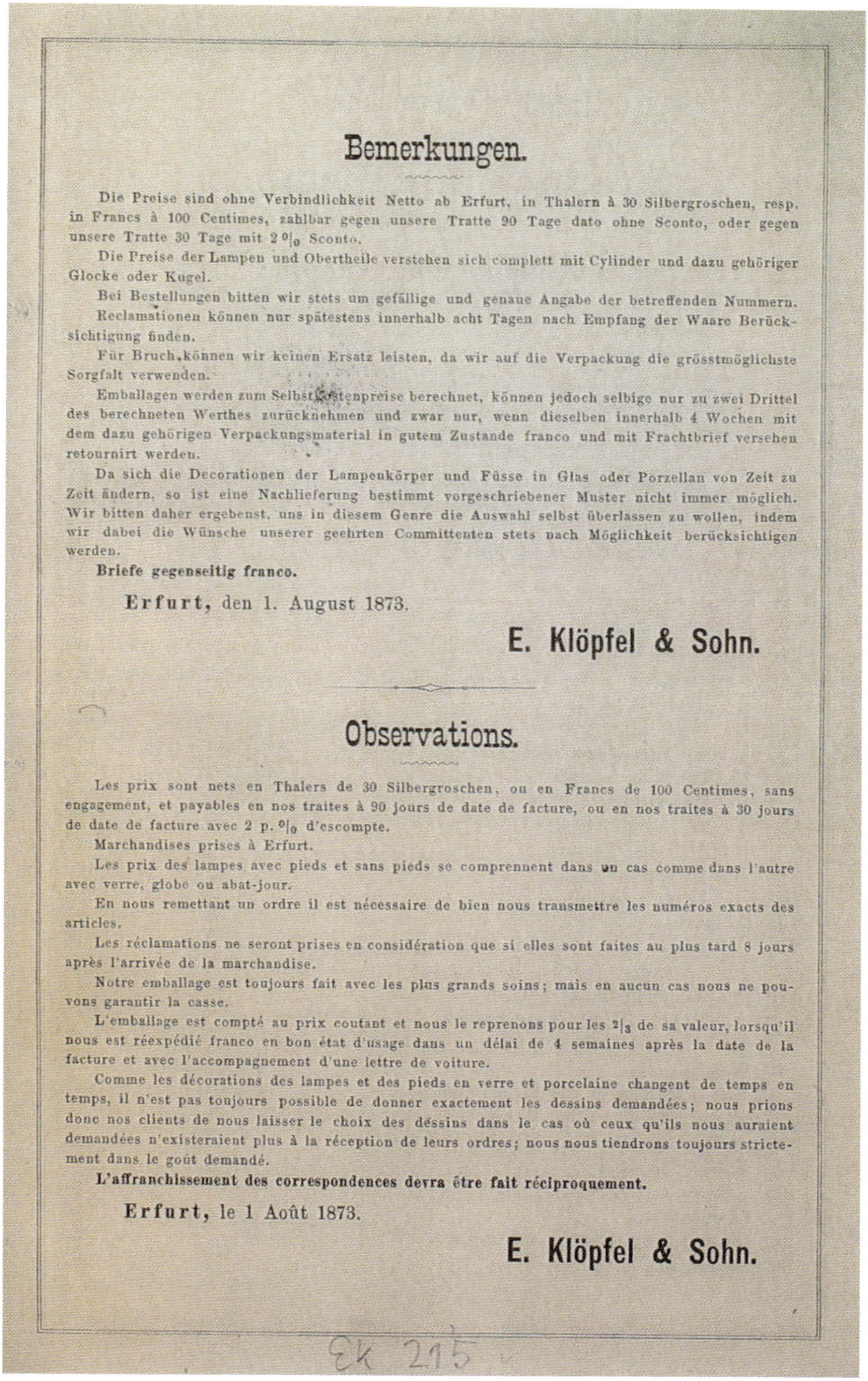

Bemerkungen.

Die Preise sind ohne Verbindlichkeit Netto ab Erfurt, in Thalern à 30 Silbergroschen, resp. in Francs à 100 Centimes, zahlbar gegen unsere Tratte 90 Tage dato ohne Sconto, oder gegen unsere Tratte 30 Tage mit 2 % Sconto.

Die Preise der Lampen und Obertheile verstehen sich complett mit Cylinder und dazu gehöriger Glocke oder Kugel.

Bei Bestellungen bitten wir stets um gefällige und genaue Angabe der betreffenden Nummern.

Reclamationen können nur spätestens innerhalb acht Tagen nach Empfang der Waare Berücksichtigung finden.

Für Bruch können wir keinen Ersatz leisten, da wir auf die Verpackung die grösstmöglichste Sorgfalt verwenden.

Emballagen werden zum Selbstkostenpreise berechnet, können jedoch selbige nur zu zwei Drittel des berechneten Werthes zurücknehmen und zwar nur, wenn dieselben innerhalb 4 Wochen mit dem dazu gehörigen Verpackungsmaterial in gutem Zustande franco und mit Frachtbrief versehen retournirt werden.

Da sich die Decorationen der Lampenkörper und Füsse in Glas oder Porzellan von Zeit zu Zeit ändern, so ist eine Nachlieferung bestimmt vorgeschriebener Muster nicht immer möglich. Wir bitten daher ergebenst, uns in diesem Genre die Auswahl selbst überlassen zu wollen, indem wir dabei die Wünsche unserer geehrten Committenten stets nach Möglichkeit berücksichtigen werden.

Briefe gegenseitig franco.

Erfurt, den 1. August 1873.

E. Klöpfel & Sohn.

Observations.

Les prix sont nets en Thalers de 30 Silbergroschen, ou en Francs de 100 Centimes, sans engagement, et payables en nos traites à 90 jours de date de facture, ou en nos traites à 30 jours de date de facture avec 2 p. % d'escompte.

Marchandises prises à Erfurt.

Les prix des lampes avec pieds et sans pieds se comprennent dans un cas comme dans l'autre avec verre, globe ou abat-jour.

En nous remettant un ordre il est nécessaire de bien nous transmettre les numéros exacts des articles.

Les réclamations ne seront prises en considération que si elles sont faites au plus tard 8 jours après l'arrivée de la marchandise.

Notre emballage est toujours fait avec les plus grands soins; mais en aucun cas nous ne pouvons garantir la casse.

L'emballage est compté au prix coutant et nous le reprenons pour les 2/3 de sa valeur, lorsqu'il nous est réexpédié franco en bon état d'usage dans un délai de 4 semaines après la date de la facture et avec l'accompagnement d'une lettre de voiture.

Comme les décorations des lampes et des pieds en verre et porcelaine changent de temps en temps, il n'est pas toujours possible de donner exactement les dessins demandées; nous prions donc nos clients de nous laisser le choix des dessins dans le cas où ceux qu'ils nous auraient demandées n'existeraient plus à la réception de leurs ordres; nous nous tiendrons toujours strictement dans le goût demandé.

L'affranchissement des correspondences devra être fait réciproquement.

Erfurt, le 1 Août 1873.

E. Klöpfel & Sohn.

Ek 215

Der Katalog enthält Verkaufs- und Lieferbedingungen in deutscher und französischer Sprache, was Rückschlüsse auf die Lieferbeziehungen gestattet.

1914 machte Kloepfel & Sohn auf die „Sturmlaterne" aufmerksam. Exportleiter Alexander Gebhardt posierte mit der Laterne für das Foto.

Ein Blick in das Kontor im April 1914. ▼

Dieses um 1940 entstandene Foto zeigt die Toreinfahrt in der Neuwerkstraße 36a.

In der Maschinenhalle in der Neuwerkstraße 36a, aufgenommen um 1930.

Der Ausstellungsraum der Firma um 1940.

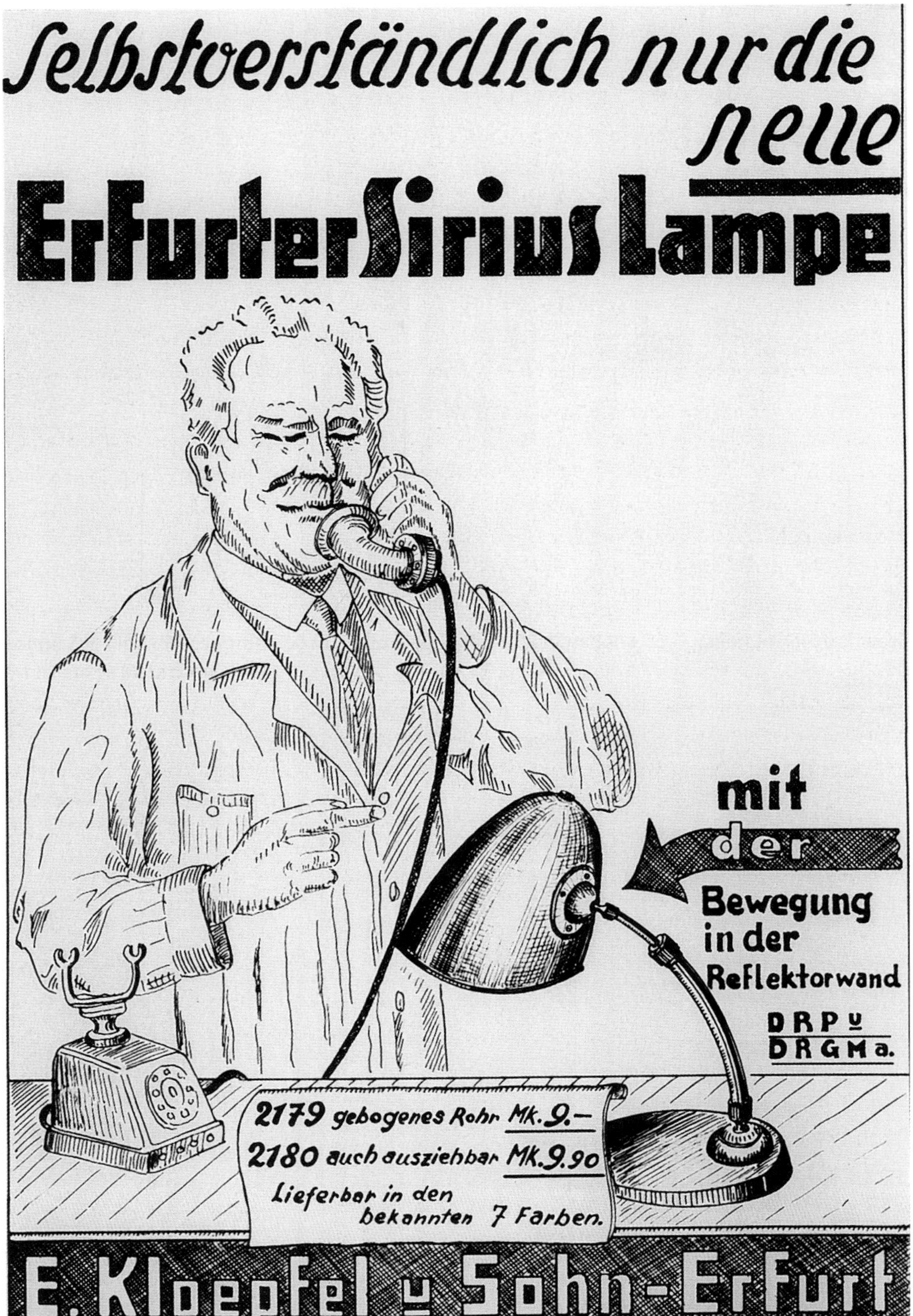

Für die Sirius-Lampe wurde um 1925 mit Plakaten geworben.

8

Erfurter Verkehrsbetriebe AG – Straßenbahn

Ende des 19. Jahrhunderts gab es erste Pläne, die Transportaufgaben im städtischen Bereich zu modernisieren. Viele Unternehmen wurden in den sogenannten Gründerjahren eröffnet, sie alle brauchten Arbeiter, die aber nicht in der Nähe der Fabriken wohnten. Die Einwohnerzahl Erfurts stieg zwischen 1870 und 1880 auf fast 53.000, die Zahl der Beschäftigten auf über 15.000. Die zunehmenden Entfernungen zwischen Wohn- und Arbeitsort und die Tatsache, dass die meisten diese Wege zu Fuß gehen mussten, ließen Ideen wachsen, ein Transportmittel in der Stadt zu etablieren. Federführend war hierfür der 1871 berufene Oberbürgermeister Richard Breslau. Bei ersten Vorgesprächen mit der Provinzialregierung war schon von elektrisch betriebenen Fahrzeugen die Rede. Diese wurden jedoch als noch nicht ausgereift abgelehnt. Schließlich folgte im März 1882 der Provinzialausschuss der Provinz Sachsen einem Antrag des Erfurter Magistrats, eine Pferdebahn einzurichten. Die verkehrstechnischen Voraussetzungen wurden innerhalb von nur einem Jahr geschaffen.

Unter acht Bewerbern zum Bau und Betrieb der Pferdebahn hatte die Berliner Firma Marcks & Balke den Zuschlag erhalten. Die erforderlichen Stallungen, Wagenhallen, eine Schmiede sowie ein Wohn- und Verwaltungsgebäude ließen Marcks & Balke auf einem Grundstück in der Johannes-Chaussee (heute Magdeburger Allee) errichten. Im Februar 1883 begannen die Gleisbauarbeiten, die Arbeiter verlegten bis zu 75 Meter Gleise am Tag. Am Pfingstsonntag, den 13. Mai 1883, konnte die Pferdebahn unter großer Anteilnahme der Bevölkerung in Betrieb genommen werden. Zunächst wurden die fünf Kilometer lange „Rote Linie“ vom Johannesplatz an der Gemeindegrenze zu Ilversgehofen zum Ausflugslokal „Flora“ sowie die 2,4 Kilometer lange „Grüne Linie“ von der Post am Anger über den Hirschgarten zum Schießhaus eröffnet. Vorausgegangen war natürlich eine polizeiliche Abnahmefahrt. Der Unternehmer Philipp Balke und Repräsentanten der Stadt Erfurt standen auf der vorderen Plattform des Wagens, direkt hinter dem Kutscher. Hunderte Kinder versuchten, mit den trabenden Pferden Schritt zu halten. Die örtliche Presse berichtete von viel Lob der Fahrgäste „... über die schnelle, angenehme Fahrt.“ Im August 1883 wurde dann auch die „Gelbe Linie“ vom Andreastor zum (heutigen Haupt-)Bahnhof in Betrieb genommen.

Anfangs stoppten die Wagen auf Zuruf, wer einsteigen wollte, gab dem Kutscher ein Zeichen. Und wer aussteigen wollte, tat dasselbe. Einen Fahrplan konnten die Kutscher so nicht einhalten. Deshalb wurden ab 12. Oktober 1883 feste Haltestellen eingerichtet. Für zehn Pfennige konnten die Fahrgäste die Pferdebahn nutzen, egal wo sie einstiegen und wohin sie wollten. Die Kutscher mussten bei Fahrplanunregelmäßigkeiten mit Sanktionen rechnen: Wer zu langsam fuhr, bekam einen Groschen vom Lohn abgezogen, weil er unpünktlich war. War der

Kutscher jedoch zu früh an der Haltestelle, zog man ihm zwei Groschen vom Lohn ab, denn er war nicht nur unpünktlich, sondern strapazierte auch die Pferde über Gebühr.

Von Anfang an waren Marcks & Balke mit dem Ertrag ihres Unternehmens unzufrieden, so verkauften sie die Erfurter Straßen-Eisenbahn-Gesellschaft schließlich im November 1884 für 750.000 Mark (heute etwa 6,3 Mio. Euro) an die kurz zuvor gegründete Erfurter Straßenbahn Aktiengesellschaft. Investoren waren gut betuchte Erfurter Bürger und Kapitalanleger aus ganz Deutschland.

Am 23. September 1893, elf Jahre nach Eröffnung der Pferdebahn, wurde die aus der Erfurter Straßenbahn AG hervorgegangene Erfurter Elektrische Straßenbahn AG unter der Nummer 518 in das Gesellschaftsregister des Königlichen Amtsgerichts Erfurt eingetragen und konnte bald danach die ersten elektrisch betriebenen Fahrzeuge anschaffen. Die Elektrifizierung der bestehenden Strecken schritt rasch voran und am 1. Juni 1894 fuhren die ersten „unglaublichen Pferdebahnen ohne Pferde“ auf der „Roten Linie“ zum Gasthaus „Flora“ in der Steigerstraße. Das Gasthaus warb übrigens ab 1894 mit dem leicht erreichbaren „Endpunkt der Straßenbahn“.

Auch auf der „Grünen Linie“ fuhren fortan die „Elektrischen“. 1898 wurde die 4,4 Kilometer lange „Gelbe Linie“ zwischen der Brühlerwallstraße (nahe des heutigen Benaryplatzes) und der Leipziger Straße bis zum Neuen Schlachthof in Betrieb genommen. Schließlich folgten 1904 die 3,7 Kilometer lange „Blaue Linie“ von der Gothaer Straße zur Weimarischen Straße (Endpunkt Höhe Topf & Söhne) und die 4,1 Kilometer lange „Weiße Linie“, die von der Nordhäuser Straße bis zum Schützenhaus führte. Außerdem gab es eine 4,6 Kilometer lange Linie von der Blücherstraße (heute Breitscheidstraße) zur Kavallerie-Kaserne (heute Christian-Kittel-Straße).

1991 wurde aus den Erfurter Verkehrsbetrieben die Erfurter Verkehrsbetriebe Aktiengesellschaft, die seit 1996 zur Stadtwerke Erfurt Gruppe gehört. Heute umfasst das Straßenbahnnetz in Erfurt rund 45 Kilometer und jährlich werden etwa 50 Mio. Fahrgäste befördert.

Pferdebahnwagen auf der „Roten Linie“ (Ilversgehoven–Flora) vor den Häusern in der Johannesstraße 88–91. Der Blick ist zur Magdeburger Allee gerichtet, links im Hintergrund ist das „Tivoli“ zu sehen.

Ein Pferdebahnwagen auf der Drehscheibe im Depot Magdeburger Allee. Das Foto entstand vor 1894. ►

Marcks & Balke erhielten den Zuschlag zum Bau und Betrieb der Erfurter Pferdebahn. Das Signet der Firma ist noch heute in der Magdeburger Allee zu finden.

Eine Elektrische Straßenbahn am Gothaer Platz, um 1895.

Straßenbahnen am Domplatz, Ecke Kettenstraße, um 1895.

Ein Triebwagen am Stadtpark mit Ziel Leipziger Straße (1909).

Um 1900 wurde der Triebwagen Nr. 41 an der Haltestelle „Flora" abgelichtet.

Dieses zwischen 1925 und 1930 am Anger entstandene Foto zeigt Straßenbahnen an der Haltestelle und die Häuser Anger 63–65. ▲

Ab 1950 wurden die Gleise an der Kreuzung Anger/Bahnhofstraße neu verlegt.

Nach dem Zweiten Weltkrieg wurden die Trümmer mit Straßenbahnen aus der Innenstadt abtransportiert. Das Foto entstand um 1946 in der Barfüßerstraße. ►

Dienstwagen
57

Im März 1956 war die einstige Augustbrücke im Verlauf der Bahnhofstraße teilweise eingestürzt und wurde notdürftig verfüllt. Im August 2020 sanierte man den Kreuzungsbereich schließlich grundhaft. Die Kreuzung Bahnhofstraße/Juri-Gagarin-Ring gehört zu den meistbefahrenen Straßen Erfurts. Täglich passieren rund 30.000 Fahrzeuge diese Kreuzung und rund 60 Straßenbahnzüge pro Stunde kreuzen diesen Bereich stadtein- und auswärts.

9

Erfurter Verkehrsbetriebe AG – Busbetrieb

Am 4. Februar 1925 gab der Vorstand der Erfurter Elektrischen Straßenbahn AG bekannt, dass das Grundkapital der Aktiengesellschaft in voller Höhe auf Goldmark umgestellt worden sei und demnach nun 1.500.000 Reichsmark betrage (heute etwa 3,6 Mio. Euro). In derselben Aufsichtsratssitzung wurde der Vorstand beauftragt: „... mit den Herren Dittmann [Waldemar Dittmann, Krafwagenpark Thüringen] und Hopf [MoHag] über die Einrichtung eines Automobilomnibus=Betriebes nach dem neuen Friedhof" (Hauptfriedhof) in Verhandlungen einzutreten. Zudem gab der Vorstand zu wissen, dass „... um die Kinder auf die Gefahren des Straßenverkehrs aufmerksam zu machen, [...] 5.000 Löschblätter mit bildlichen Hinweisen an die unteren Klassen der Schulen verteilt worden [sind]."

Die MoHag wurde laut Gesellschaftsvertrag vom 23. Januar 1925 als Gesellschaft mit beschränkter Haftung gegründet und war zuständig für den Vertrieb von unter dem Namen MoHag geschützten und hergestellten Artikeln, den Handel mit Motoren, Kraftfahrzeugen, deren Zubehör und Maschinen sowie den Betrieb einer Reparaturwerkstätte. Das Stammkapital betrug 5.000 Reichsmark. Der Gesellschaftervertrag wurde am 22. Dezember 1926 dahingehend geändert, dass nun der „Betrieb von Omnibuslinien [...] sowie Beteiligungen auch an auswärtigen Omnibuslinien [...]" zu den Aufgaben der Gesellschaft gehörten.

Im Juli 1925 war die Einrichtung der neuen Autobuslinien erneut Gegenstand einer Aufsichtsratssitzung. Einer demnächst einzuberufenden außerordentlichen Generalversammlung sollte vorgeschlagen werden, den Paragrafen 2 der Satzung der Aktiengesellschaft „... dahin abzuändern, dass der Zweck der Gesellschaft auf die Errichtung, die Erwerbung und den Betrieb von Omnibuslinien ausgedehnt wird." Für diesen Omnibusbetrieb sollten sechs Autobusse mit 25 Sitzplätzen und einem Raum für Stehplätze zur Verfügung gestellt werden. Schließlich konnten Anfang November 1925 die neuen Omnibuslinien zwischen Anger und Neudaberstedt, Anger und Neuer Schlachthof sowie zwischen Hauptbahnhof und Nordpark in Betrieb genommen werden.

Der wirtschaftliche Erfolg war eher mäßig, wie es in einem Geschäftsbericht des Aufsichtsrates vom 15. Februar 1926 heißt: „Der zu Anfang November 1925 neu eingerichtete Omnibusbetrieb hat bisher folgende Ergebnisse gezeitigt: Die Personenzahl pro Wagenkilometer stellte sich bei der Daberstedt-Linie auf 2,3; [auf der] Nordpark-Linie auf 2,2 [und auf der] Schlachthof-Linie auf 2,0 ... in Durchschnitt aller Linien 2,2 gegen 5 im Straßenbahnbetrieb. [...] Durch Extrafahrten mit den Reservewagen zu Sportfesten wurde die durchschnittliche Frequenz von 2,2 auf 2,6 Personen pro Wagenkilometer gehoben. Trotz dieser sehr geringen Frequenz können die reinen Betriebskosten aus den Einnahmen gedeckt werden, weil die Regiearbeiten von dem

Bureau der Straßenbahn nebenbei mit erledigt werden. Es wurden im Januar 1926 eingenommen Mk. 6.685,60; dagegen wurden ausgegeben für Löhne & Betriebsstoffe Mk. 6.195,50. Sodaß sich an reinen Betriebskosten ein Überschuß von Rmk 490,10 [ergibt]."

Bereits im Folgejahr kaufte die Erfurter Straßenbahn AG ein weiteres Busunternehmen inklusive der befahrenen Überlandlinien. Damit gab es nun vier Stadtlinien und vier Linien in umliegende Ortschaften. 1929 kaufte die Erfurter Straßenbahn AG die Buslinie Erfurt–Kerspleben–Tüttleben–Udestedt. Ein nennenswerter wirtschaftlicher Erfolg blieb jedoch weiter aus. 1930 erweiterte man durch Erwerb von zusätzlichen Konzessionen das Omnibusnetz auf 16 Linien, die mit insgesamt 30 Bussen bedient wurden. Wie es in der Zeitschrift „Industrie und Handel", Jg. 1930, heißt, wird „[…] der Kraftomnibus nicht wieder aus dem Verkehr verschwinden, er wird aber auch die Straßenbahn nicht verdrängen." So ist es bis heute geblieben.

Ende der 1940er-Jahre setzte man aus heutiger Sicht innovative und umweltfreundliche elektrisch betriebene Oberleitungs-Busse ein, die im Alltagssprachgebrauch einfach O-Busse genannt wurden. Die ersten Fahrzeuge waren Leihgaben aus Leipzig. Sie fuhren auf der Strecke Anger–Neudaberstedt. 1949 nutzten immerhin 1,6 Mio. Fahrgäste die O-Busse. Zwei Jahre später eröffneten die Erfurter Verkehrsbetriebe die Strecken Anger–Hochheim und Melchendorf–Hochheim und weitere zwei Jahre später die Strecke Anger–Ringelberg. Bis 1974 gehörten die O-Busse zum Erfurter Stadtbild. Danach wurden sie von den IKARUS- Bussen abgelöst. Heute fahren moderne Busse auf den insgesamt 24 Linien.

Als der erste O-Bus (Linie Anger–Hochheim) am 30. April 1951 durch die Cyriakstraße fuhr, wurde er von einem Spielmannszug begrüßt.

Mitteldeutscher Elektro—Mohr 600 Teil V

Mitteldeutscher Elektro-Großhandel „Union", Karl & Albert Bernhardt, Fa., Nordstraße 25 H
Mitteldeutscher Handwerkerbund e. V., Sitz Erfurt, Bundeszentrale Fischmarkt 13—16, F 4835, 1. Vors. Bäckermeister Paul Geßner, Skalitzer Straße 70, F 657
Mitteldeutscher Handwerkerbund, Landesverband Erfurt, Geschäftsstelle Fischmarkt 13/16, F 4835, 1. Vors. Glasermeister Otto Nickler, Furtmühlgasse 2, F 3834
Mitteldeutscher Handwerkerbund, Ortsgruppe Erfurt, e. V., Geschäftsst. Fischmarkt 13/16, F 4835. 1. Vors. Bäckermstr. Paul Fickel, Arnstädter Str. 9c, F 1071, Geschäftsführer: Hans Schulz

Mitteldeutscher Landesverb. d. Reichsbundes Deutsch. Papier- u. Schreibwar.-Händler, e. V., Geschäftsst. Fa. Wilhelm Poetzsch, Erfurt, Bahnhofstr. 4, F 323

Mitteldeutscher Scheuertuchvertrieb, Erfter (E. Frisch), F 1154, P Erf. 191, Hirschlachufer 26

Mitteldeutscher Schutzverband
für Industrie, Landwirtschaft, Handel, Gewerbe und freie Berufe, Sitz Erfurt, Marktstr. 41/42 Bürozeit 8-1, 3-6 Uhr
Fernruf 5891 Postscheckk. Erf. 6224

Mitteldeutscher Strumpf-Vertr. Max Katz, Fischmarkt 6 H, F 2865
Mitteldeutsches Handelskontor Pellnitz, Olle & Co., Preßburger Straße 19
Mitteldeutsches Sporthaus G. m. b. H., Sportartikelgeschäft, F 1156, P Erf. 22 517, Anger 53 E
Mittelhausen, Franz, Hausinspektor, Müfflingstraße 13[2]
Mittelhäuser, Alfred, Gen.-Vertreter, F 4535, P Erf. 19 463, Andreasstraße 29[1]
— Sophie, geb. Schonert, Witwe, Andreasstraße 29[1]
Mittelschule für Knaben, F durch Rathauszentrale, Schottenstraße 1 c. Näheres siehe Teil II, S. 47
Mittelschule für Mädchen, F durch Rathauszentrale, Kasinostraße 1. Näheres siehe Teil II, S. 47
Mittelschule III, F 1803, Nettelbeckufer 25. Näh. siehe Teil II, S. 47
Mittelschule IV, F 4663, Clausewitzstraße 17. Näh. siehe Teil II, S. 47
Mittelsdörfer, Luise, Wwe., Näherin, Gotthardtstraße 55 a[2]
Mittelstädt, Gustav, Oberpostsekretär, Pestalozzistraße 8
Mittelstedt, Ernst, Lagerarbeiter, Torgauer Straße 6[1]
Mittelstedt, Ernst, Lagerarbeiter, Johannesplatz, Baracke 49
Mittenfelder, Otto, Ingenieur u. Prokurist, Thomasstraße 4[1]
Mittenzwei, Ernst, Kaufmann, Honiggroßhandlung, P Erf. 527, Leipziger Straße 1[1]
— Oskar, Schriftsetzer, Zietenstr. 112[4]
Mitterer, H., Kunsttischler, Oststr. 32[2]
Mittler, Gertrud, Putzgeschäft, F 3553, Johannesstraße 78
Mittler, Paul, Papiergroßhdl., F 3553, P Erf. 18 245, Johannesstr. 78
Mitzenheim, Alfred, Mechanik., Gneisenaustraße 51[2]
Mix u. Genest, Aktiengesellschaft, Bauabteilung, Neuwerkstr. 20, F 5959
Möbel, Paul, Eisenbahnoberinsp. i. W., Rechnungsrat, Leipziger Str. 120[1]
— Rudolf, Kaufmann, Metzer Str. 2[3]

Möbelfabrik Gebr. Höllig
Hauptgeschäft:
Neuwerkstraße 45/46 (Passage)
Weitere Verkaufsräume
Magdeburger Str. 49, neben Depot und Stotternheimer Straße 1-3
Fabrik: Stotternheimer Straße 1-3
Fernruf 2597

Möbelhaus E. J. Noa, Eimerg. 23 E, F 618, P Erf. 17 953
Möbelverkaufshaus Paul Zimmatz, Neue Straße 8, F 5798

MÖBEL-VOIGT Fernruf 4702
27 Eimergasse 27
Ständige Möbel-Ausstellung

Möbis, Adelbert, Oelmüller, Ubestedt. Straße 13[1]
— Hans, Tischler, Thomasstraße 74[1]
— Heinrich, Kutscher, Schottenstr. 10 E
— Otto, Arbeiter, Löberstraße 3[3]
Möbius, Hermann, Maschinenmeister, Skalitzer Straße 69 E
— Hugo, Lehrer, Triftstraße 25[1]
— Martha, geb. Koch, Arbeiterin, Zietenstraße 35[2]
Moebus, Johannes, Drogist, F 2771, P Erf. 4032, Bahnhofstr. 29/30[3]
Möbus, Richard, Pol.-Wachtmeister, Stollbergstr. 58[2]
Moebuß, Dr., Annemarie, Aerztin, Gustav-Adolf-Straße 3[2]
Mocigamba, Chr., Dreh., Nelkenstr. 7[2]
— Fritz, Posament., Albrechtstr. 43[3]
— Johann, Pensionär, Nelkenstr. 7[2]
— Joh., Bäckermeister, Bergstr. 37
— Max, Bauschlosser, Nelkenstr. 11 E
— Rosa, Kontoristin, Nelkenstr. 7[2]
Mock, Anna, Frau, Hospitalplatz 12
— Florentin, Kaufmann, Nachoder Straße 10 E
— Josef, jun., Kaufmann, Nachoder Straße 10 E
— Melchior, Oberpostschaffner a. D., Bosestraße 1[1]
— W., Schlosser, Mittelhäuser Str. 3[3]
Möcke, Oscar, Reformhaus, F 3835, Trommsdorffstraße 1 a
Möckel, Albin, Gauleiter, Bindersleben Landstraße 135
— Ernst, Eisenbahnschaffner, Bosestraße 2[3]
— Karl, Gewerkschaftsangestellt., Torgauer Straße 4[2]
— Luise, Oberbauratswitwe, Burgstraße 12 E
— Udo, Bankprokurist, Bosestraße 2[3]
Möckel & Köthe, Vertrieb von Büromaschinen, F 493, P Erf. 583, Neuwerkstraße 3[1]
Mocker, Elsa, Hausangestellte, Cyriakstraße 30
Modehaus Ehlers, Inh. Paula Ehlers, F 6044, P Erf. 23 652, Poststraße 140 E
Modehaus Koch, Hans, F 1555, Neuwerkstraße 8
Modehaus Wendel-Erouard, F 1510, Fischmarkt 2/3 E
Modehaus Schalling, F 3016, Schlösserstraße 8
Mödebeck, Käte, Frau, Nettelbeckufer 14[1]
Moeder, Melita, geb. Gottschalg, Baumeisterswitwe, Dammweg 4[2]
— Paul, Postinspektor, Dammweg 4[2]
Möder, Otto, Eisenb.-Oberinsp. i. W., Preßburger Straße 18[1] u.[2]
Modes, Franz, Privatier, Herderstraße 22[1]
Paul Modes, Dresden, Farben- u. Lackagenturen, F 4145, P Erf. 14 976, Zweigniederlassung Erfurt: Schmidtstedter Straße 23/25[1]
Modler, Erich, Kaufmann, Moltkestraße 41 E
— Thea, geb. Schmöger, Moltkestraße 41 E
Moebes, Paul, Proviantamtsdirektor a. D., P Erf. 102 564, Neuwerkstraße 18a[2]
Mogk, Willy, Schuhmacher, Kirchgasse 1a[2]
Mögle, Christian, Schuhfabrikarbeiter, Webergasse 49 E
Moek, Maria, Verkäuferin, Bahnhofstraße 38[2]

MOHAG
Motor-Handelsgesellschaft m. b. H.
Vertrieb von Kraftfahrzeugen
Omnibus-Verkehr
Regierring 12 - Rosengasse - Fernruf 1374
Bankkonto: Darmstädter und Nationalbank Filiale Erfurt
Geschäftsführer: Ingenieur Edwin Hopf
Betriebsleiter: Arno Hopf

Mohaupt, Wilhelm, Bahnhofs-Vorsteher i. R., Johannesring 21[3]
Möhlau, Heinrich, Eisenbahn-Oberinspektor, Preßburger Str. 65[1]
Möhlheinrich, Aug., Soldat, Grimmstraße 11[2]
Möhlis, Therese, geb. Neblung, Wwe., Roonstraße 26[1]
Mohmeyer, Walter, Modelleur, Roonstraße 13b[1]
Mohnhaupt, August, Buchhalt., Vikt.-Scheffel-Straße 7[3]
— Heinrich, Lokomotivführer, Beaumontstraße 10 E
— Heinrich, Hospitalit, Hospitalg. 6
— Martha, Materialwarengeschäft, Löberring 14 E
Mohns, Julius, Oberingeneur, Reichartstraße 4[1]
Mohnsam, Albin, Post-Assist., Nordstraße 8[1]
— Louis, Oberbahn-Assistent a. D., Gartenstraße 49 E
— Nathalie, Wwe., Blumenthalstr. 1[1]
— Walter, Lokomotiv-Oberheizer, Arnstädter Straße 17[2]
Mohnsame, August, Schuhmacher, Yorkstraße 48[2]
— Therese, Schneiderin, Eicheng. 3[3]
Mohr, Adam, Pensionär, Blumenstraße 97[2]
— Albert, Maschinensetzermstr, Steigerstraße 40
— A. L., G. m. b. H., Fabrikniederlage Erfurt, F 703, Roßbachstr. 70
— Arthur, Geschäftsführ., Johannesstraße 166[1]
— Berta, Witwe, Lilienstraße 1[1]
— Berta, geb. Heinrich, Witwe, Pfortenweg 33 E

Im Adressbuch der Stadt Erfurt aus dem Jahr 1897 ist die MoHag zu finden.

Heinz Lutz hatte am 30. April 1951 die O-Busse an der Endhaltestelle Hochheim fotografiert.

Am 30. April 1951 wurde die O-Bus-Linie Anger–Ringelberg an der Haltestelle Anger feierlich in Betrieb genommen. Oberbürgermeister Georg Boock ließ es sich nicht nehmen, das Band zu zerschneiden.

10

Eisenbahndirektion Erfurt

Natürlich darf in einem Buch über Traditionsunternehmen in Erfurt die Eisenbahn nicht fehlen. Das Königreich Preußen plante Ende der 1830er-Jahre, die südlichen Rheinprovinzen mit einer Eisenbahnstrecke zu erschließen. Von Halle/Saale aus waren zwei Varianten der Streckenführung im Gespräch: über Nordhausen oder über Erfurt. Für eine Streckenführung über Erfurt setzten sich insbesondere der damalige Oberbürgermeister Theodor Wagner und Stadtrat Karl Herrmann ein. Sie erreichten schließlich, dass die geplante Eisenbahnverbindung über Erfurt geführt wurde. Am 20. Dezember 1841 wurde der Vertrag über die Errichtung einer Eisenbahnstrecke von Halle über Naumburg, Apolda, Weimar, Erfurt, Gotha und Eisenach unterzeichnet. Kurz darauf folgte die Gründung der Aktiengesellschaft Thüringische Eisenbahn-Gesellschaft mit einem Stammkapital von 9 Mio. Talern (heute etwa 303 Mio. Euro). Nachdem die Strecke fertiggestellt worden war, konnte am 22. März 1847 eine erste Probefahrt von Weimar nach Erfurt unternommen werden. Die „Erfurter Zeitung" berichtete am 24. März, dass „… die erste Probefahrt auf der Strecke der Thüringischen Eisenbahn von Weimar nach Erfurt gemacht [wurde]. Der Zug, geführt von der Lokomotive ‚Thüringen', war aus einigen Personenwagen der verschiedenen Klassen und mehreren mit Kohlen beladenen Wagen gebildet. Die Abfahrt von Weimar erfolgte kurz vor ¾ auf 1 Uhr und nach Verlauf von noch nicht einer vollen Stunde kam der imposante Zug, begrüßt von zwei Musikchören und dem lauten Jubel der zahlreich versammelten Volksmenge, auf dem hiesigen Bahnhof an. Nachdem die Prüfung der Bahn durch Großherzogl. Weimarische Regierungskommissarien von Weimar bis zur Landesgrenze bereits geschehen, und dasselbe auch auf diesseitigem Gebiet demnächst zu erwarten ist, soll dem Vernehmen nach der regelmäßige Betrieb von hier aus mit täglich vier Fahrten in etwa acht Tagen beginnen."

Der reguläre Betrieb auf dieser Strecke begann dann tatsächlich am 1. April 1847. Erfurt bekam nicht nur einen (Haupt-)Bahnhof, auch die Direktion der Thüringischen Eisenbahngesellschaft wurde schon 1844 in Erfurt etabliert. Den Vorsitz der Direktion hatte der preußische Landrat und Regierungskommissar Gustav Graf von Keller. Am 5. April 1882 wurde per königlichem Erlass aus der Direktion der Thüringischen Eisenbahngesellschaft Erfurt die Königliche Eisenbahndirection Erfurt. Mit der Gründung der Deutschen Reichsbahn am 1. April 1920 erfolgte zunächst eine Umbenennung in Eisenbahndirektion Erfurt (26. April 1920) und schließlich am 6. Juli 1922 in Reichsbahndirektion Erfurt. Unter diesem Namen hatte die Direktion Bestand bis zum 31. Dezember 1993. Ihre Aufgaben waren neben der Betriebsführung auch die Organisation der Erhaltung des rollenden Materials und der Strecken. Mit der Gründung der Deutschen Bahn AG am 1. Januar 1994 wurde Erfurt ein Regionalbereich.

Neben dem Hauptbahnhof wurden für die 1869 eröffnete Strecke Erfurt–Nordhausen sowie für die 1886 in Betrieb genommene Strecke Erfurt–Sangerhausen zwei weitere Bahnhöfe gebaut

(Nordhäuser und Sangerhäuser Bahnhof), deren Reste noch heute zu finden sind. Einschneidende Veränderungen gab es nach der Entfestigung Erfurts, als der preußische Staat Erfurt 1873 als Festung 1. Ranges aufgab und den Rückbau der Befestigungs- und Verteidigungsbauten anordnete. Nicht nur auf den Eisenbahnbetrieb hatte dies enorme Auswirkungen. Endlich war mehr Platz für die gewachsenen Anforderungen an Güter- und Personenverkehr. Der Bahnhof wurde sozusagen auf ein Podest gehoben: Der einstige Festungswall, parallel zum heutigen Flutgraben, wurde auf rund die Hälfte seiner Höhe verringert und die Gleise anschließend auf der neu gewonnenen Fläche verlegt. Abenteuerlich anmutende Brücken- und Tunnelbauten gehörten ebenso zur Verlegung der Gleise wie der Neubau des Erfurter Bahnhofes, der zwischen 1889 und 1893 verwirklicht wurde. Der Bahnhof war eine architektonische Meisterleistung des Eisenbahnbauinspektors Eduard Keil und des Regierungsbaurats Otto Erlandsen. In den Folgejahren bot auch das Vorfeld des Bahnhofes mit der Errichtung des gegenüberliegenden Hotels „Erfurter Hof"/Haus Kossenhaschen ein attraktives Willkommen für die Reisenden.

Nach 1990 verwirklichte die Bundesregierung zahlreiche Bahnprojekte, um das einst geteilte Deutschland auch eisenbahnverkehrstechnisch zu vereinigen. Am 18. Januar 1995 stimmte die Stadt Erfurt dem Projekt der Deutschen Bahn zu, den Erfurter Hauptbahnhof für die Hochgeschwindigkeitszüge umzubauen. Zwischen 2002 und 2007 musste nicht nur das Inselgebäude des Erfurter Hauptbahnhofes den ehrgeizigen Plänen weichen, auch Stellwerke wurden nach Inbetriebnahme eines elektronischen Stellwerkes abgerissen. Heute präsentiert sich der Hauptbahnhof als moderner ICE-Knotenpunkt. Doch nicht nur die schnellen Züge kommen in Erfurt an oder fahren hier ab, Regionalverbindungen in alle Richtungen werden ebenfalls bedient.

Zur Begrüßung der heimkehrenden Truppen aus dem preußisch-österreichischen Krieg war das Empfangsgebäude des ersten Erfurter Bahnhofes am 8. September 1866 feierlich geschmückt worden. Das Foto stammt von Gustav Schmidt.

Nach der Verlegung der Gleise auf den teilweise abgetragenen Festungswall konnte damit begonnen werden, den Gothaer Brückenkopf zurückzubauen. Das um 1900 entstandene Foto zeigt die Baustellensituation von der Puschkinstraße aus in Richtung Schillerstraße.

Blick vom Stadtpark auf das Inselgebäude um 1892. Die Bahnsteigüberdachung ist bereits fertiggestellt. In der Bildmitte ist die neu gebaute Brücke im Verlauf der Bahnhofstraße, die den Flutgraben überspannt, gut zu erkennen.

Am 18. Juli 1897 stürzte eine Lokomotive am ehemaligen Löbertor von den Gleisen hinab auf die Straße. Der Lokführer hatte nicht rechtzeitig bremsen können und überfuhr den Prellbock. Viele Schaulustige kamen in den folgenden Tagen zur Löberstraße, um sich die Schäden aus der Nähe anzuschauen. Ende Juli gab es bereits Ansichtskarten von diesem Eisenbahnunfall zu kaufen.

Die Schalterhalle im Empfangsgebäude des Hauptbahnhofes um 1910. Nach dem grundlegenden Umbau in den 2000er-Jahren ist an diesem Ort eine Buchhandlung zu finden.

11

Schuhfabrik M. & L. Hess

1878 gründeten die Brüder Maier und Luis Hess in Erfurt die kleine Schuhfabrik M. & L. Hess mit zunächst 25 Mitarbeitern in der Löbergera (heute Löberstraße). Die Firma war erfolgreich und bereits im Jahr darauf wandelten sie ihr Unternehmen in eine offene Handelsgesellschaft um. Anfangs produzierte man ausschließlich genagelte Schuhe, ab 1884 wurden auch „durchgenähte“ Schuhe hergestellt. Leo und Georg Hess, jüngere Brüder der Firmengründer, traten spätestens 1895 als Gesellschafter in die Firma ein. Im selben Jahr verstarb Luis Hess. Nach und nach gelang es der Schuhfabrik M. & L. Hess, auch gemeinsam mit anderen Schuhfabriken, den Erfurter Qualitätsschuh auf dem deutschen Markt zu etablieren und international bekannt zu machen.

1896 erwarb der Betrieb Grundstücke in der Leipziger Straße und der heutigen Thälmannstraße, auf denen neue Fabrikationsgebäude errichtet wurden. Um die Jahrhundertwende wurden die Produktionsgebäude erstmals erweitert, ein zweites Mal 1913. Die Firmengründer waren, nicht nur aus heutiger Sicht, verantwortungsvolle Unternehmer, die nicht ausschließlich auf ihren eigenen Wohlstand bedacht waren. Sie sorgten für gute Arbeitsbedingungen und auch für bezahlbaren Wohnraum für ihre Mitarbeiter. So erwarben sie ein fast 5.000 Quadratmeter großes Grundstück in der heutigen Iderhoffstraße und ließen darauf Kleinwohnungen errichten, die den Mitarbeitern der Schuhfabrik vorbehalten waren. 1915 starb Maier Hess. Sein Sohn Alfred hatte bereits eine kaufmännische Lehre im Familienbetrieb absolviert und konnte rasch in die Geschäftsführung eintreten. Während des Ersten Weltkrieges wurden überwiegend Militärstiefel produziert. Erst Anfang 1919 wurde die zivile Produktion wieder aufgenommen und erweitert. Bis 1922 war die Belegschaft auf etwa 1.800 Arbeiter und 125 Angestellte angewachsen. Neben Eduard Lingel war die Schuhfabrik M. & L. Hess das zweitgrößte Unternehmen in dieser Branche in Erfurt.

Nach dem Zweiten Weltkrieg wurde die Schuhfabrik als Rüstungsbetrieb eingestuft und stand somit unter dem Demontagegesetz. 1.200 Maschinen wurden abgebaut und als Reparationsleistungen von den russischen Truppen beschlagnahmt. Mit den verbliebenen Maschinen produzierte man bis Februar 1946 noch Schuhe und Stiefel für die Rote Armee.

Am 1. Juli 1947 fusionierte die Schuhfabrik M. & L. Hess mit der Schuhfabrik Eduard Lingel zu den Vereinigten Erfurter Schuhfabriken Thuringia. Bereits 1948 wurde die Thuringia in Volkseigentum überführt und hieß nun VEB Schuhfabrik Thuringia.

Links ist die Hess'sche Familienvilla zu sehen, rechts eines der Fabrikationsgebäude. Das Foto entstand um 1900.

Die Häuser in der Iderhoffstraße 20–23 wurden für die Arbeiter der Fa. Hess erbaut und an sie vermietet. Das Foto von Christine Risterer ist datiert auf den 5. März 1998.

12

Schuhfabrik Lingel

Eduard Lingel (1849–1922) stammte aus Königsberg in Franken, kam 1872 nach Erfurt und gründete zunächst eine Schuhmacherwerkzeughandlung. In seinem Wohnhaus im Fischersand soll er in einer kleinen Werkstatt fünf bis sechs Arbeiter beschäftigt haben, die Zeugstiefel herstellten. Etwa 36 Paar konnten seinerzeit täglich produziert werden. 1874 kaufte Lingel das Haus Herrmannsplatz 5 und richtete dort eine deutlich größere Werkstatt ein. In der neu geschaffenen Stepperei beschäftigte Lingel rund 30 Frauen. Bereits ein Jahr später war die Belegschaft auf 300 Personen angewachsen, die Geschäfte liefen gut. Bis etwa 1878 war die Herstellung von Stiefeln und Schuhen reine Handarbeit. Die ersten Maschinen wurden kurze Zeit später in Betrieb genommen. Bis 1886 war das Unternehmen weitergewachsen, rund 600 Arbeiter stellten alle Sorten von Schuhen her: Damenschuhe sowie Kinderschuhe und -stiefel. Herrenschuhe hingegen wurden in dieser Zeit nur wenig produziert. Im Juni 1887 vernichtete ein Feuer die Produktionsstätte am Herrmannsplatz, einschließlich sämtlicher Maschinen. Eduard Lingel und seine beiden Geschäftspartner Luis und Fritz Dressler kauften daraufhin ein Grundstück an der heutigen Arnstädter Straße. Auf der einst zu einer Gärtnerei gehörenden Fläche wurden neue Fabrikations- und Verwaltungsgebäude errichtet und nach und nach die Produktion wieder aufgenommen. 1892 waren schließlich rund 1.000 Arbeiter beschäftigt, die pro Woche 12.000 Paar Stiefel und Schuhe herstellten.

1898 entschieden Lingel und die Dresslers, aus der Schuhfabrik Ed. Lingel eine Aktiengesellschaft zu machen. Das Stammkapital betrug bei Gründung drei Mio. Mark. Bis zu Beginn des Ersten Weltkrieges stieg die Anzahl der Mitarbeiter der Lingel AG auf 1.300. Während der Kriegsjahre war das Unternehmen zwangsweise dem Syndikat der deutschen Schuhindustrie angegliedert. Nicht nur Militärstiefel wurden hergestellt, sondern auch Munitionsteile. Mitunter erhielt Lingel auch Reparaturaufträge für Militärstiefel. Nach Kriegsende fusionierte Lingel mit einigen Erfurter Schuhfabriken wie der Erfurter Mechanischen Schuhfabrik AG, der Friedrich Metzler GmbH und der Mella Schuhfabrik GmbH. Das brachte die Möglichkeit der Spezialisierung: Die Erfurter Mechanische Schuhfabrik stellte ausschließlich Herrenschuhe her, die Metzler GmbH nur Damenschuhe und die Mella Schuhfabrik spezialisierte sich auf elegante Gesellschaftsschuhe.

Spätestens Mitte der 1930er-Jahre war auch der Lingel-Konzern in die Kriegsvorbereitung und Kriegsproduktion eingebunden. Während des Zweiten Weltkrieges beschäftigte der Konzern französische, britische und serbische Kriegsgefangene und auch Zwangsarbeiter aus Frankreich, Belgien, den Niederlanden und der Sowjetunion. Nach Kriegsende wurde der Lingelkonzern, wie auch die Schuhfabrik Hess, als Rüstungsbetrieb eingestuft und viele Maschinen wurden demontiert.

Wie bereits im vorherigen Kapitel erwähnt, fusionierte die Schuhfabrik M. & L. Hess am 1. Juli 1947 mit der Schuhfabrik Eduard Lingel zu den Vereinigten Erfurter Schuhfabriken Thuringia. Die Überführung in Volkseigentum und die Namensänderung zu VEB Schuhfabrik Thuringia erfolgten 1948. Ab Oktober 1953 wurde der VEB Schuhfabrik Thuringia mit all seinen Betriebsteilen zum VEB Schuhfabrik „Paul Schäfer". Bis 1989 war „Latschen-Paule" einer der großen Arbeitgeber in Erfurt. Den neuen Bedingungen der Wirtschaft ab den 1990er-Jahren war der einstige VEB nicht gewachsen, der Versuch der Lingel-GmbH, den bekannten Namen für ihre Geschäfte zu nutzen, schlug fehl und wurde auf Weisung der Treuhandanstalt in Liquidation gebracht. Damit war das Kapitel Schuhproduktion in Erfurt abgeschlossen.

Stepperinnen in der Schuhfabrik.

Der Tennisklub RotWeiß gab 1927 ein Luftbild in Auftrag. Ganz nebenbei zeigt es auch einen großen Teil des Fabrikgeländes der Lingel AG und am linken oberen Bildrand die heutige Heinrich-Mann-Schule (Himmelspforte). ▸

Blick über den Werkhof der Lingel AG zum neu errichteten sechsstöckigen Fertigungsgebäude. Das Bild entstand 1920.

1955 präsentierte der VEB „Paul Schäfer“ eine Auswahl seiner Produkte. Foto: Alfred Bauer.

Am 21. September 1993 fotografierte Christine Risterer den Eingangsbereich des einstigen VEB „Paul Schäfer“, der bis 1994 als Lingel Schuhfabrik GmbH firmierte.

13

ALO Nahrungsmittelwerk Klein & Russek KG

In fast jeder Küche ist es zu finden, doch dass es lange Zeit in Erfurt produziert wurde, weiß kaum noch jemand: Speisewürze, auch zu DDR-Zeiten im Volksmund „Maggi“ genannt. Jeder kennt wohl den typischen Geruch dieses flüssigen dunkelbraunen Gewürzes, das in der DDR als ALO-Speisewürze in jeder Küche Verwendung fand. Hergestellt wurde es vom ALO Nahrungsmittelwerk Klein & Russek KG, die wie viele andere Firmen in den 1950er-Jahren einer staatlichen Beteiligung zustimmen musste. Im Weigerungsfall wären die Firmen gleich vollständig verstaatlicht worden. Bei der ALO Nahrungsmittelwerk Klein & Russek KG übernahm der VEB Fleischkombinat Erfurt knapp 30 Prozent des Kapitals. Am Anger, im Haus Nummer 21, war die Verwaltung untergebracht. Die Produktion befand sich im Süden der Stadt, etwa dort, wo heute die Arbeitsagentur zu finden ist.

In einem Wirtschaftsbericht aus dem Jahr 1962 formulierte der „Helfer in Steuerfragen“: „[…] Die Entwicklung der Arbeitsproduktivität ist […] eine überaus günstige. […] Abschließend wird festgestellt, dass der Betrieb eine gute Entwicklung genommen hat. Es muss natürlich trotz fortschreitender Produktionsumstellung die Aufgabe der Betriebsleitung und BGL bleiben, weitere Kostensenkungen bzw. Arbeitsproduktivitätssteigerungen im Rahmen von Wettbewerben zu bewirken. Im wesentlichen wurde in Bezug auf das gesamte Rechnungswesen eine vorbildliche, durchorganisierte, korrekte Arbeit geleistet. Betont werden muss, dass die Buchhaltung tagfertig ist.“

Mit ALO-Würze und anderen Produkten wie Brühpaste und gekörnter Brühe wurden im Jahr 1962 über 2,3 Mio. Mark Umsatz erzielt, heute entspricht das ca. 5,5 Mio. Euro. Der Gesamtgewinn der ALO Klein & Russek KG in diesem Jahr wurde mit 244.341 DM beziffert. Auch diese offensichtlich vorbildlich geführte und wirtschaftlich erfolgreiche Firma wurde 1972 verstaatlicht und am 8. Juni 1972 aus dem Handelsregister gelöscht. Dem einstigen Komplementär Max Russek wurden laut einem Schreiben der Industrie- und Handelsbank Erfurt vom 16. Juni 1972 seine Kapitaleinlage nach Abzug der Einkommenssteuer und anderer Verbindlichkeiten in Höhe von 68.065,36 Mark auf ein spezielles Konto der Kreissparkasse überwiesen. Von diesem Konto durften pro Jahr 8.000 Mark abgehoben werden. Berta Klein, ebenfalls Komplementärin der Klein & Russek KG, erhielt aus ihrer Einlage immerhin 73.980 Mark auf ihrem speziellen Konto gutgeschrieben.

Ohne Unterbrechung wurde nach der Verstaatlichung unter dem Namen VEB ALO Werk Erfurt bis 1990 weiter produziert, dann wurde der Betrieb von der NABA GmbH übernommen.

Arbeiter sehen sich die Zeichnung des zukünftigen ALO-Sportplatzes an der Friedrich-Ebert-Straße an. Im Hintergrund ist das ALO-Werksgebäude zu sehen. Die Aufnahme entstand Anfang der 1950er-Jahre.

◂ Ein Teil der Belegschaft vor dem Werksgebäude. Das Foto nahm Hans Lutz 1950 auf.

Einen Überblick über das Firmengelände gestattet diese Aufnahme von Hans Lutz aus dem Jahr 1950.

In der Zubereitung der ALO-Werke. Das Foto stammt aus dem Jahr 1975.

◄ 1975 fotografierte Heinz Lutz einen Lagerraum des VEB ALO Werke Erfurt.

Die fertigen Erzeugnisse werden abgefüllt, verpackt und zum Versand vorbereitet.

14

Rotplombe

Anfang des 19. Jahrhunderts gründete Lorenz Döhler eine Backpulverfabrik in der damaligen Radowitzstraße 41 (heute Iderhoffstraße), später expandierte er und das noch heute bekannte Gebäude in der Schlüterstraße kam hinzu. Nach dem Zweiten Weltkrieg musste Döhler einer staatlichen Beteiligung zustimmen und firmierte als Lorenz Döhler Kommanditgesellschaft Nährmittelfabrik Erfurt. Anfang der 1950er-Jahre wurde die Kommanditgesellschaft aufgelöst und vollständig verstaatlicht. Fortan firmierte die einstige Döhler KG als Konsum-Nährmittelwerke Erfurt und nutze die Standorte in der Iderhoffstraße und der Schlüterstraße. Wie so viele volkseigene Betriebe überstanden auch die Nährmittelwerke Erfurt die politischen und wirtschaftlichen Umbrüche Anfang der 1990er-Jahre nicht. Dennoch ist die Marke „Rotplombe" bis heute erhalten geblieben, eine in Großpostwitz (Oberlausitz) ansässige Handelsgesellschaft vertreibt weiterhin Puddingpulver, Tortenguss und ähnliche Produkte unter der Marke „Rotplombe".

Das Markenzeichen von Rotplombe war das Rad mit sechs Speichen des Erfurter Stadtwappens. Zum Produktionssortiment gehörten seinerzeit Puddingpulver, Backpulver, Vanillin-Zucker, Götterspeise, Brausepulver und einiges mehr. Ab 1953 erschienen im damaligen „Verlag für die Frau", Leipzig, Rezeptvorschläge und Küchentipps. Präsentiert wurden diese Rezeptvorschläge anfangs von der Werbefigur „Plombinchen". 1958 hieß es: „Puddingpulver liefern wir in den bekannten Geschmacksarten, wie Vanille, Orange, Himbeer, Erdbeer, Zitrone, Mandel, Sahne, Rum, Arrak, Sahne mit Rosinen, Sahne mit gehackten Mandeln und Schokolade. Für die Sommermonate sind besonders die Puddingpulversorten mit Fruchtgeschmack zu empfehlen, wobei Rote Grütze mit Himbeer-Geschmack auch in kombinierten Packungen (Faltschachteln) mit Vanillesoßenpulver sowie Friko-Puddingpulver mit Himbeer-Geschmack eine besondere Rolle spielen, da dieselben, statt mit Milch, mit Wasser zubereitet werden. Ebenfalls sehr empfehlenswert für die warme Jahreszeit sind unsere Kaltschalepulver (Fruchtsuppen), die Sie in allen einschlägigen Geschäften in den Geschmacksarten Zitrone, Aprikose, Kirsch, Himbeer, letztere mit Beilage von Sultaninen, erhalten. Beim Einkauf von Puddingpulver, Backpulver ‚Backstolz' oder Aromen achten Sie bitte auf jeden Fall auf unser Fabrikzeichen, die Rot-Plombe, dann haben Sie die Gewähr für ein einwandfreies Erzeugnis."

Der Krätzturm in der Schlüterstraße war einst Bestandteil der Stadtmauer. Im Hintergrund ist das Fabrikgebäude der Backpulverfabrik von Lorenz Döhler zu sehen.

Zum Internationalen Frauentag am 8. März 1950 wurden die Damen im VEB Konsum-Nährmittelwerk Erfurt beglückwünscht und erhielten eine Urkunde.

Vorderseite einer Werbung für Rotplombe-Erzeugnisse, 1960.

Es ist uns eine Freude, Ihnen drei neue Rotplombe-Erzeugnisse vorstellen zu können. Ein Versuch wird bestätigen, daß diese Erzeugnisse auch Ihren Zuspruch finden. Wie könnte es anders sein? „Rotplombe" hält engsten Kontakt mit berufstätigen Frauen. Ihre Vorschläge und Gedanken zur Rotplombe-Produktion haben besonderes Gewicht, weil wir uns auf diese Wünsche einstellen können. Darin sehen wir auch das gemeinsame Bemühen, die Versorgung zu verbessern, was einen Teil unserer Aufgabe darstellt.

„Fruko"-Puddingpulver Aprikose-Geschmack: Vor allem die Sommermonate zeigen, wie beliebt Rotplombe „Fruko"-Pudding ist! Das liegt zu einem großen Teil daran, daß er mit Wasser zubereitet wird und nicht wie sonst Milch erforderlich ist. Gerade die berufstätige Frau weiß diesen Vorteil zu schätzen, denn so kann sie auch dann Pudding kochen, wenn die Milch einmal sauer geworden ist und keine Möglichkeit zum Einkaufen besteht. Außer mit Himbeer-Geschmack ist „Fruko"-Puddingpulver nun auch mit Aprikose-Geschmack erhältlich. Die Möglichkeiten, diese erfrischende Speise zu verfeinern, sind vielfältig. Ein flott untergeschlagenes Ei gibt dem „Fruko"-Pudding einen kremigen Charakter, es erhöht aber auch den Nährwert, ebenso wie es Früchte tun, die unter den „Fruko"-Pudding gemischt werden. In der angegebenen Wassermenge lassen sich auch feingeschnittene, getrocknete Aprikosen aufkochen, bevor der Pudding eingerührt wird, dann ist allerdings die Zuckermenge um die Hälfte zu erhöhen. Anstelle einer Rotplombe-Vanillesoße oder eisgekühlter süßer Milch, die mit Rotplombe-Vanillinzucker gewürzt wurde, ergänzt den „Fruko"-Pudding auch Rotplombe-Cremespeise „Variabel"; sie wird mit Aprikosensaft oder Milch angerührt und in dicken Tupfen aufgesetzt. Da die Cremespeise nicht gekocht zu werden braucht, ist sie im Nu fertig. Verbraucherpreis: 0,25 DM

Puddingpulver für eine Schokoladenspeise: Hierbei handelt es sich nicht allein um den wohlbekannten Schokoladenpudding, sondern um eine Rotplombe-Schokoladenspeise. Ihr besonderer Vorzug ist der hohe Kakaoanteil von 25 Prozent. Das gibt der fertigen Speise einen sehr gehaltvollen Geschmack, so daß sie auch den Ansprüchen genügt, die bei festlichen Anlässen oder von Feinschmeckern an eine süße Nachspeise gestellt werden. Die Schokoladenspeise läßt sich durch Rotplombe-Vanillesoße oder süße Sahne ergänzen. Bei der Verwendung von Ei empfiehlt es sich, das Eigelb rasch mit der noch warmen Speise zu verrühren und später den steifen Eischnee locker unterzuheben. In Verbindung mit Birnen (frisch müssen sie weich und saftig, gedünstet süß und aromatisch sein) gibt die Schokoladenspeise ein feines Dessert, sie wird dann über die Birnenhälften gegossen. Verbraucherpreis: 0,80 DM

Soßenpulver Apfelsine-Geschmack: Nun ist auch die Fruchtsoße mit der Rotplombe da! Der Apfelsinengeschmack, den diese Soße durch natürliches Aroma erhält, macht sie besonders vielseitig verwendbar. Da sind zunächst einmal der Vanille-, der Mandel-, der Sahne- und nicht zuletzt der Schokoladenpudding, die durch eine Apfelsinensoße vorzüglich abgerundet werden. Doch auch ein Milchreisrest, ein Schüsselchen Rotplombe Grießflammeri und sogar die preiswerten, nahrhaften Knusperflocken lassen sich gut durch Apfelsinensoße ergänzen. Die süßen Aufläufe werden ebenfalls gern mit einer Rotplombe-Apfelsinensoße auf den Tisch gebracht. Eine leichte Sommermahlzeit sind Arme Ritter oder gebratene Kloßscheiben mit Zucker bestreut und mit Apfelsinensoße übergossen. Den kühlen Sommergetränken gibt die Apfelsinensoße einen erfrischenden Geschmack. Kommt die fertige Soße allerdings mit Milch in Verbindung, ist Grundbedingung, daß beides kräftig im Handmixer oder im Mixgerät der Haushaltmaschine geschüttelt wird. Verbraucherpreis: 0,12 DM

Neue ROT PLOMBE Erzeugnisse STELLEN SICH VOR

KONSUM-NÄHRMITTELWERKE ERFURT

Bearbeitung: Verlag für die Frau, Leipzig III-6-15 1010 Ag 442/W5/60/DDR

Die Rückseite der Werbung mit Erläuterungen.

Ein Plakat warb 1961 für Backpulver von Rotplombe.

Einige Zeit brachte der VEB Konsum-Nährmittelwerke Erfurt den „Rotplombe Rezeptdienst“ heraus. Hier das Titelblatt der Folge 10 aus dem Jahr 1961.

1967 fotografierte Heinz Lutz im VEB Konsum-Nährmittelwerk Erfurt eine Abfüllanlage für Puddingpulver.

15

Nudel-North

Am 1. Oktober 1860 übernahm Ferdinand North die 1793 gegründete Firma Belling und führte die Produktion von Teigwaren weiter. Zahlreiche Medaillen und Auszeichnungen konnten mit den Produkten errungen werden, bronzene Medaillen auf der Gewerbe- und Industrieausstellung Stettin 1865 sowie auf der Sächsisch-Thüringischen Gewerbe- und Industrieausstellung im selben Jahr in Merseburg. 1879 erhielt North eine bronzene Medaille auf der Internationalen Ausstellung in Sydney. Ferdinand Norths Söhne Georg und Johannes übernahmen 1896 die erfolgreiche Firma ihres Vaters. Johannes trat nach wenigen Jahren aus der Firma aus und Georg war alleiniger Besitzer der Nudelfabrik. 1922 wandelte Georg North die Firma in eine offene Handelsgesellschaft um. Die Bilanzsumme zum 1. Juli 1921 betrug 1.414.999,75 Reichsmark. Der Gesellschaftsvertrag zwischen Kaufmann und Fabrikant Georg North – alleiniger Inhaber der Fa. Ferdinand North – und seinen Söhnen Hans und Gerhard North legte fest, dass Georg North das gesamte Handels- und Fabrikationsgeschäft einschließlich Grundstück in die Gesellschaft einbrachte und seine Söhne jeweils 100.000 RM. Vier Jahre nach Georg Norths Tod 1924 änderten seine Söhne den Gesellschaftsvertrag dahingehend, dass die Dauer der Gesellschaft auf 30 Jahre festgesetzt wurde (bis 31. Dezember 1957). Wirtschaftlich ging es dem Unternehmen in den 1930er-Jahren nicht gut, was in einem Brief der Firmeninhaber an ihre Mutter vom 21. Dezember 1934 deutlich wird: „[…] Seit 1930 hat die Firma keine Verdienste mehr, sondern nur noch Verluste gehabt und hat infolge des Umsatzrückganges und der gänzlich unzulänglichen Preise erhebliche Einbußen an Kapital erlitten. Die Maschinen mussten im Laufe der Jahre erheblich abgeschrieben werden, einerseits wegen ihrer natürlichen Abnutzung und ihres Veraltens, vor allem aber auch wegen ihrer immer geringer werdenden Ausnutzungsmöglichkeit, da der Betrieb schon seit Jahren gezwungen war, verkürzt zu arbeiten und von einer rentablen Ausnutzung des Maschinenparks nicht mehr gesprochen werden konnte. Zur Sanierung des Betriebes sind wir auf Herabsetzung Deines Anteils um M 125.000,- gezwungen, es würde uns sonst nichts anderes übrig bleiben, als den Betrieb zu schließen. […]“

Am 10. Februar 1948 bescheinigte die IHK Erfurt, dass Hans North verantwortlicher Leiter der Firma Ferdinand North war. Diese Bescheinigung diente zur Vorlage bei der Stadtkommandantur der Roten Armee. Am 1. Juli 1948 wurde die Firma Ferdinand North auf Grundlage der Befehle 124 bzw. 68 der SMATh (Sowjetische Militäradministration in Thüringen) enteignet und aus dem Handelsregister gelöscht. Sie firmierte anschließend unter KONSUM – Teigwarenfabrik, Erfurt. Im Mai 1992 beantragte die Erfurter Teigwaren GmbH die Überprüfung auf Restitutionsansprüche und konnte kurze Zeit später die Produktion fortführen. Die einstigen Fabrikgebäude von Ferdinand North sind noch heute in der Liebknechtstraße zu entdecken. Die Produktion allerdings ist schon seit vielen Jahren in der Eugen-Richter-Straße zu finden. Bis heute produziert die Firma jährlich etwa 100.000 Tonnen Teigwaren in rund 100 verschiedenen Ausformungen. Allerdings verzichtet die Erfurter Teigwaren GmbH seit rund 15 Jahren auf Eigenmarken und produziert ausschließlich für Großabnehmer. Seit Anfang der 2020er-Jahre firmiert die älteste Nudelfabrik Deutschlands unter dem Namen BonPasta.

Zum 50. Firmenjubiläum am 1. Oktober 1910 nahm der Fotograf Karl Festge im Hof der Nudelfabrik in der heutigen Liebknechtstraße ein Gruppenbild der Belegschaft auf. Im Vordergrund sind die Firmeninhaber Ferdinand, Georg und Gerhard North zu sehen.

Im Juli 1949 dokumentierte der Fotograf Heinz Lutz das Geschehen in der KONSUM – Teigwarenfabrik in der Iderhoffstraße.

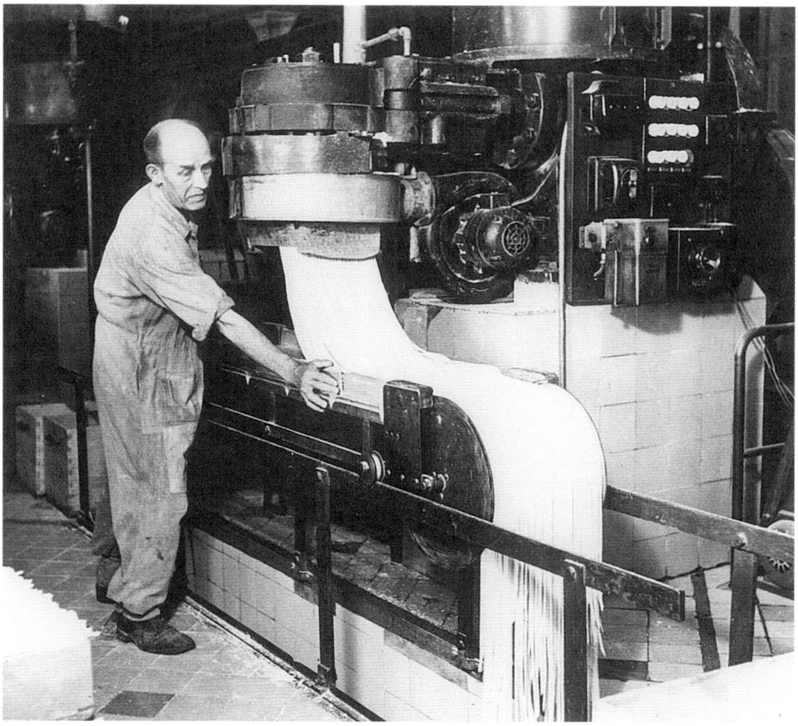

Ein Arbeiter an der Nudelmaschine. Heinz Lutz nahm dieses Foto am 12. Juli 1949 auf.

Heinz Lutz fotografierte auch die Arbeiterinnen beim Verpacken der Waren. Das Foto entstand vermutlich ebenfalls im Juli 1949.

Produkt-Werbung in den 1950er-Jahren.

Das Logo des VEB Konsum Nährmittelwerk Erfurt in den 1950er-Jahren.

Entwurf eines neuen Logos aus den 1950er-Jahren. Man sieht noch die Bleistiftstriche des Grafikers.

Präsentation der Produkte während einer Ausstellung in den 1950er-Jahren.

16

Schokoladenfabrik Erfurt-Erfurt

1913 gründete Wilhelm Erfurt seine Erfurter Schokoladen- und Zuckerwarenfabrik Gustav W. Erfurt in der Thomasstraße 60. Bereits ein Jahr später waren die Räumlichkeiten in der Thomasstraße derart beengt, dass sich Wilhelm Erfurt entschloss, ein Grundstück in der Moltkestraße (heute Thälmannstraße) zu erwerben und darauf die notwendigen Gebäude für Verwaltung und Produktion zu errichten. Jetzt konnte er auch seine Idee umsetzen, die Kakao- und Schokoladenproduktion „von der rohen (Kakao-)Bohne" an aufzunehmen. Die erforderliche Energie für den Antrieb der Maschinen wurde sowohl durch Dampf als auch durch elektrischen Strom sichergestellt. Für die Versorgung mit Strom hatte Erfurt einen Vertrag mit dem städtischen Elektrizitätswerk abgeschlossen. Während des Ersten Weltkrieges waren die Rohstofflieferungen unterbrochen und Erfurt konnte nur sehr eingeschränkt produzieren. Dennoch gelang es ihm nach Kriegsende als eine der ersten Firmen, wieder Schokoladen- und Kakaoerzeugnisse auf den Markt zu bringen. Sicherlich war die Namensgleichheit des Firmeninhabers und des Produktionsortes bei der Vermarktung der Produkte hilfreich; „Erfurt-Erfurt" konnte sich jeder merken. Nach einer Erweiterung 1919 wurde schließlich auch der Standort in der Moltkestraße zunehmend zu klein. Die Kakao-Fabrikation wurde daher Anfang 1920 in die heutige Iderhoffstraße verlegt. Der große Vorteil war, dass dieses Grundstück einen Gleisanschluss besaß, was die Anlieferung der Rohstoffe und den Vertrieb der fertigen Produkte um einiges vereinfachte. Doch auch hier war noch nicht genügend Platz, und so ergriff Wilhelm Erfurt 1921 die Gelegenheit und kaufte das Grundstück samt Gebäuden der einstigen Brauerei Baumann in der Sedanstraße 7 (heute Am Stadtpark, das Areal zwischen Am Stadtpark/Friedrich-List-Straße/Robert-Koch-Straße/Böklinstraße). Die gesamte Produktion sowie die Verwaltung wurden nach umfangreichen Umbauten dorthin verlegt. Hier konnte neben anderen nützlichen Sozialeinrichtungen auch ein modernes Krankenzimmer in Betrieb genommen werden. Am 20. Februar 1929 brach ein Großfeuer auf dem Fabrikgelände aus, das erhebliche Sachschäden verursachte. Doch bereits Anfang 1930 konnte die Produktion wieder uneingeschränkt aufgenommen werden. Auch nach dem Zweiten Weltkrieg produzierte Erfurt Schokolade und andere Süßwaren, musste 1958 aber einer staatlichen Beteiligung zustimmen und wurde, wie viele andere Betriebe mit staatlicher Beteiligung, zu Beginn der 1970er-Jahre vollständig verstaatlicht. Gerhard Erfurt erhielt als Komplementär des Unternehmens von seiner Kapitaleinlage in Höhe von 60.000 Mark nach Abzug aller Verbindlichkeiten und Steuern ganze 973 Mark ausgezahlt. Wolfgang Erfurt, der zweite Komplementär mit einer Kapitaleinlage von 100.000 Mark, erhielt 52.917 Mark. Die einstige Erfurter Schokoladen- und Zuckerwarenfabrik Gustav W. Erfurt firmierte anschließend als VEB Erfurter Süßwaren und wurde in den 1980er-Jahren dem Kombinat Süßwaren Delitzsch angegliedert.

Firmengründer Gustav Wilhelm Erfurt ließ sich 1921 in seinem Büro in der Sedanstraße 7 fotografieren.

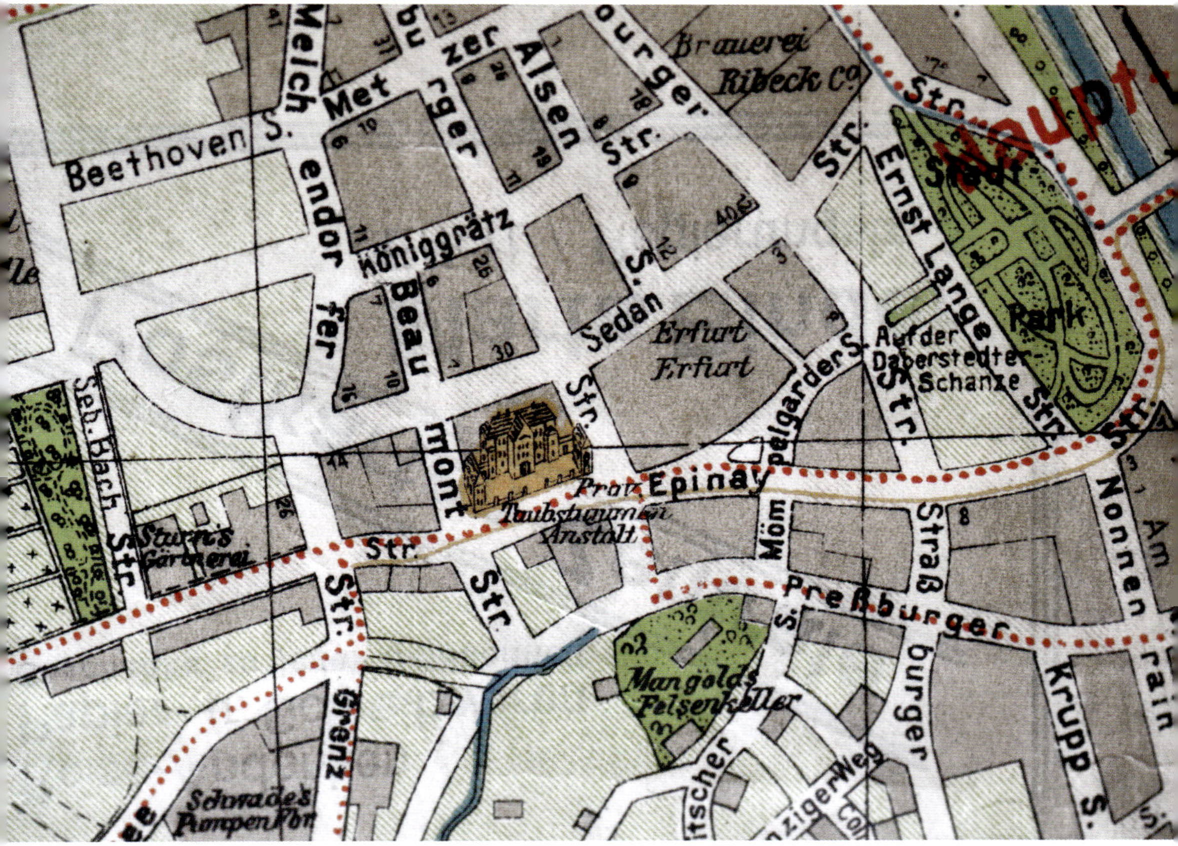

Ein Stadtplan des Pharus-Verlags (Berlin) aus den 1930er-Jahren, Westen ist oben, verortet die Schokoladenfabrik Erfurt-Erfurt südlich des heutigen Stadtparks.

Diese Fotografie aus dem Jahr 1921 zeigt das Firmengelände der Schokoladenfabrik Gustav W. Erfurt in der Sedanstraße.

Der Haupteingang der Schokoladenfabrik Erfurt-Erfurt in der Sedanstraße.

Die Pralinen aus dem Hause Erfurt wurden in Handarbeit mit einem Schokoladenüberzug versehen.

Die Energieversorgung der Fabrik in der Sedanstraße war auf dem neuesten Stand der Technik. Das Foto zeigt eine Schalttafel im Maschinensaal.

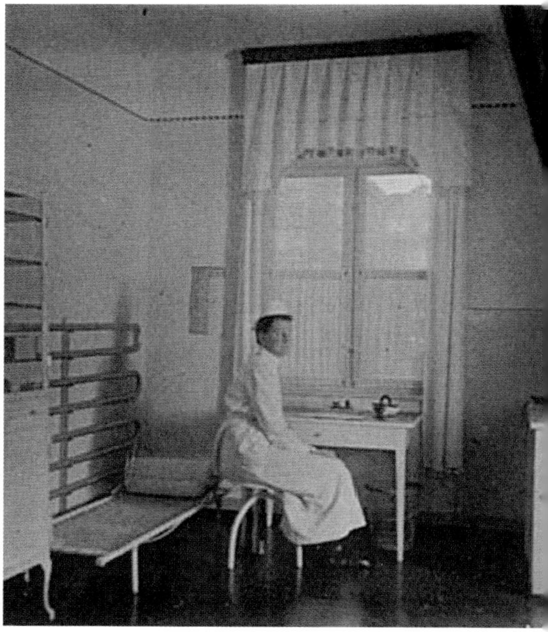

Beim Umbau der neuen Fabrikanlage wurde auch an ein modern eingerichtetes Krankenzimmer gedacht.

An der Verladerampe in der Sedanstraße steht ein Pferdefuhrwerk mit Firmenbeschriftung bereit.

Da das Firmengelände in der Sedanstraße keinen Gleisanschluss hatte, wurden die Rohstoffe wieder per Lastkraftwagen angeliefert.

Der Großbrand am 20. Februar 1929 richtete erhebliche Sachschäden an.

17

Zigarren Brembach

Wilhelm Brembach übernahm das Zigarrengeschäft Hermann Hegelmann, das 1897 gegründet worden und seinerzeit in der Andreasstraße 29 zu finden war. Ab 1901 führte Hegelmann Geschäfte in der Marktstraße 28/31 und auch am heutigen Domplatz 22/23 (früher Friedrich-Wilhelm-Platz 10). Brembach ist erstmals als Händler und Nachfolger von Hermann Hegelmann mit dem Geschäft in der Marktstraße 28/31 im Adressbuch der Stadt Erfurt für das Jahr 1911 eingetragen.

Brembachs Sohn Karlheinz studierte in Amerika. Um ihn zur Rückkehr nach Erfurt zu bewegen, schlug sein Vater vor, ein Zweiggeschäft am Bahnhof (Bahnhofstraße 23) zu eröffnen. Der Vorschlag fand Zustimmung und 1925 begrüßte erstmals Zigarren Brembach seine Kundschaft am Bahnhofsplatz. Erstmals nachweisbar ist diese Zweigniederlassung im Adressbuch der Stadt Erfurt für das Jahr 1928. Spätestens 1935 übernahm Karlheinz Brembach das Geschäft in der Bahnhofstraße, im Adressbuch von 1935 gibt es einen entsprechenden Hinweis. Ende der 1960er-Jahre übernahm Angelika, die Tochter von Karlheinz Brembach, das Geschäft und in den 1990er-Jahren folgte mit Suanne Brembach die vierte Generation.

Zum 25. Geschäftsjubiläum 1950 wurde das Schaufenster in der Bahnhofstraße entsprechend geschmückt.

Am 18. Juni 1933 entstand dieses Foto vom Zigarrengeschäft von Wilhelm Brembach am Domplatz.

Bräutigam—Brinkmann 260 Teil IV

Bräutigam, Christian, Schneider, Webergasse 10
— Curt, Bäckerei u. Konditorei, Andreasstraße 2
— Erna, Binderin, Auenstr. 24 I
— Fritz, Schlosser, Auenstr. 46 II
— Gotthilf, Bäckermeister, Albrechtstr. 3 E
— Hermann, Klempner, Holzheienstr. 9a III
— Hugo, Betriebsleiter, Udestedter Str. 58 I
— geb. Klein, Lina, Witwe, Waldengasse 8 II
— geb. Höhle, Luise, Witwe, Sedanstr. 34 I
— Max, Lagerist, Auenstr. 46 II
— geb. Adtung, Melitta, Reichsb.-Obersekr.-Witwe, Krämpferstr. 62 a II
— Olga, Arbeiterin, Brühlerstr. 12 I
— geb. Oxfort, Olga, Mühlhäuser Str. 12 E
— Otto, Rentner, Karlstr. 1 II
— Otto, Tischler, Lagerstr. 9
— Paul, Verw.-Amtmann, Auenstr. 63 I
— Paul, Zimmerer, Dammweg 2 H I
— Robert, Tischlermeister, Roonstr. 40 III
— geb. Carl, Selma, Witwe, Waldenstr. 8 I
— Udo, Bauschlosser, Veilchenstr. 14 III
— Walter, Buchhalter, Am Peterborn 60 I
— Wilhelm, Metallwaren-Reparatur-Werkstelle, Salinenstr. 132 E
— Willi, pharm. Reisender, Albrechtstr. 3 III
Brebbermann geb. Walther, Lina, Witwe, Marktstr. 2 III
Brechenmacher, Karl, Schmied, Löberstraße 20/21 I u. II
Brechling geb. Brunnert, Elsa, Witwe, Luisenstraße 4 E
Brecht, Bernhard, Oberpostsekretär i. R., Brühler Herrenberg 1 E
— Fritz, Büroangest., Brühler Herrenberg 1 E
— Johannes, Kellner, Löberring 29 I
— Walth., Justizinsp. i. R., Pförtchenstr. 2 III
Breckoff, Gustav, Kaufmann, Roonstr. 66 II
Bredehorn, Anna, Pfandvermittlung, Venedig 1 E u. I
— Bernhard, Arbeiter, Venedig 1 I
— Hildegard, Pfandvermittlerin, Krämpferstraße 11 I
Bredel, Charl., Kontoristin, Müfflingstr. 32 III
— Elisabeth, kaufm. Angestellte, Müfflingstraße 32 III
— Gustav, Kaufmann, Müfflingstr. 32 III
— Otto, Arbeiter, Teichstr. 76 E
— Rudolf, Kaufmann, F 26289, Bitscher Straße 20 I
Breder geb. Schröder, Minna, Kriegerwitwe, Manteuffelstr. 1 II
Breddin, Albert, Pensionär, Auenstr. 50 I
— Albert, Schuhfabrikarbeiter, Karlstr. 10 E
— Heinrich, Tischler, Baumerstr. 3 I
— Karl, Monteur, Karlstr. 10 E
Bregulla, Paul, Bücherrevisor, Alsenstr. 9 III
Brehm, Elisabeth, Reichsbahnsekr., Hohenlohestraße 22 II
— Erich, Reichsb.-Inspektor, Straßburger Straße 1 E
— Heinrich, Reichsb.-Assistent, Pfalzburger Straße 31 I
von Brehm, Robert, Revierwächter, Grafengasse 27 E
Brehme geb. Müller, Auguste, Wwe., Boyenstraße 1 I
— Ida, Materialwarenhandlung, Horst-Wessel-Straße 17 E
— Martin, Modelltischler, Stadtweg 65 E
— Max, Oberzugschaffner, Stadtweg 65 E
— Otto, Steuersekretär, Sedanstr. 12 II
— Ottomar, Fräser, Altonaer Str. 1 E
— Werner, Kaufmann, Horst-Wessel-Straße 17 E
Brehme-Näder, Walter, Arbeiter, Göbenstr. 6 E
Brehmer, Karl, Dr. med., Facharzt für Kinderkrankheiten, Arzt d. Städt. Säuglingsh. u. d. Säuglingsabteilung der Landesfrauenklinik, Anger 19/20, F 28552. Sprechst.: 8—10, 2—4 Uhr
— Marie geb. John, Krämerbrücke 27
Breidenbach geb. Soest, Anna, Witwe, Meineckestr. 18 E
— Elly, Frl., Meineckestr. 18 E
Breidenbach, Hugo, Inh. d. Thür. Radiozentrale, Gen.-Vertr. v. Dr. Georg Seibt, F S.-Nr. 22206, Anger 36 (Wohn.: Meineckestr. 13)
Breiding, Gustav, Kaufmann, Regierring 8 I
Breier, Hans, Dr. med., Arzt, F 27979, P Erf. 1098, Kartäuserstr. 22 (Ecke Viktoriastr.), Sprechst.: 8—10 u. 3—5 Uhr
Breininger geb. Kaiser, Margarete, Witwe, Wenige Markt 13 I
— Richard, Lebensmittelgesch., Wenige-markt 13 E
Breitbart, Otto, Böttcher, Melchendorfer Straße 8 I
— Otto, Kaufmann, Bosestr. 9 E
Breitbarth, Alb., Schleifer, Johannesstr. 40 H I
— Emilie, Frl., Pergamentergasse 38 II
— geb. Schmidt, Hermine, Witwe, Schillstr. 6 E
Breitenbach, Kurt, Kraftfahrer, Alte-Fritz-Straße 32 III
— geb. Kotte, Amanda, Zollamtmannswitwe, Hohenlohestr. 2 II
— Josef, Postschaffner, Regierring 11 E
Breitenstein, Emil, Schlosser, Kleingarten, Johannesflur, Plan 345, Parz. 41
Breitenstein, Franz, Kunstglasermeister, Hohenwindenstr. 94 E
— Friedrich, Töpfermeister, F SA 21786, Augustinerstr. 21 I
— Hedwig, kfm. Angestellte, Pilse 9/10 II
— Klara, Arbeiterin, Sterngasse 8 H
— Ludw., Stadtinspektor, Bonifaciusstr. 10 b I, P Erf. 27820
Breitfeld geb. Große, Anna, Apothekenbesitz., F SA 29633, P Erf. 3044, Talstr. 1 I
Breithaupt, Alb., Schneider, Neuendorfstr. 3 I
— Fritz, Gastwirt, F 249987, Charlottenstr. 9 E
— Gerhard, Arbeiter, Roonstraße 19
— Gustav, Hausmann, Löberring 32 II
— Hermann, Postassistent, Nostitzstr. 3 I
— Hugo, Klempner, Mühlhäuser Str. 82 E
— Otto, Pfarrer an der Luthergemeinde, F 28488, Magdeburger Str. 34
— Otto, Invalide, Horst-Wessel-Str. 128 I
— Wilhelm, Schneidermeister, Müfflingstr. 35 I
Breitkopf, Anna, Witwe, Spichererstr. 42
— Friedrich, Bürstenmacher, Glockeng. 2 I H
— Paul, Kaufmann, F 26272, P Erf. 29583, Spicherer Str. 42 I
— Paul, NSU.-Versandlager, F SA 26272, Rudolstädter Str. 3 e 8 E
Breitlauch, Karl, Postschaffner, Adam-Riese-Straße 8
Breitrück, Ludwig, Lagerhalter, Blücherstraße 18 III
— Paul, Prokurist, Sophienstr. 5 II
— Wilhelm, Monteur, Blücherstr. 18 III
— Willy, Reichsb.-Lok.-Führer, Müfflingstr. 7 II
Breitscheidel, Friedrich, Verwaltungs-Oberinspekt., F 26987, Nonnenrain 4 II
Breitschuh geb. Petri, Bertha, Rentnerin, Scharnhorststr. 19 E
Breitung, Adalbert, Fahrradhandlung, P Erf. 13430, Friedr.-Wilh.-Platz 5 I
— Adalbert, Pensionär, Friedrich-Wilhelm-Platz 5 I
— Anna, Pilse 11 H E
— Karl, Dampf-Wasch- und Plättanstalt, F SA 21518, P Erf. 22265, Brühlerstr. 57/58 I
— Max, Kalkulator, Am gelben Gut 7 E
— Otto, Kaufmann, Brühlerstr. 57/58 I
— Otto, Rentner, Pförtchenstr. 3
— geb. Pinzer, Theresia, Arbeit., Pilse 11 H E
Brembach geb. Böckel, Gertrud, Wwe., Bonifaciusstr. 10 a E
— Karlheinz, Zigarrenspezialgeschäft, Adolf-Hitler-Str. 23, Privatwohnung: Weißenburger Str. 1 II, F 28383
— Kurt, Zollpraktikant, Bonifaciusstr. 10 a E
— Louis, Konrektor i. R., Metzer Str. 9 II
— Walter, Kaufmann, Hühnerbalz 41
— Wilhelm, Kaufmann (Herm. Hegelmann Nachf., Tabakwaren, F 27516, P Erf. 346, (Friedr.-Wilh.-Platz 10), Friedrich-Wilhelm-Platz 6—9 II
Breme, Paul, Versicherungs-Beamter, Weimarische Str. 44 III
Bremer, A., Schlosser, Nostitzstr. 4 II
— Adolf, Mechaniker, Nostitzstr. 4 I

Anna Bremer
Wasch- u. Plättanstalt - Domstr. 5 -, F 29351

Bremer geb. Weigel, Lina, Witwe, Trommsdorffstr. 5 III
— geb. Löhr, Helene, Wwe., Blumenstr. 1 I
— Herbert, Mechaniker, Triftstr. 55 H I
— Otto, Angestellter, Feldstr. 30 II
— Wilhelm, Kaufmann, F SA 29351, Domstraße 5 I
Bremerich, Friedrich, Rentner, Magdeburger Straße 23 III
Bromser, Heinrich, Rentner, Herrenbreitengasse 1 c II
Brendel, Arthur, Generalagent, Assekuranzgeschäft, F 21941, P Erf. 102650, Löberstr. 63/64 II (Privatwohnung: Hohenzollernstr. 14)
Brendel geb. Ernst, Alwine, Rentnerin, Pfortenweg 40
— August, Privatmann, Schillerstr. 46 I
— geb. Schmidt, Elly, Rudolfstr. 18 E
— Fritz, Gärtner, Pfortenweg 40 I
— Heinz, Versicherungsangest., Hohenzollernstraße 14 E
— Karl, Invalide, Schachtmeyerstr. 16 II
— Leni, Tel.-Betr.-Assistent, Schillerstr. 46 I
— geb. Joppich, Louise, Sekretärswitwe, Melchendorfer Str. 19 I
— Paul, Versicherungsbüro, F 26373, P Erf. 16282, Löberstr. 63/64 II Privatwohn.: Bitscher Str. 23 E
Brendler, Karl, Kaufm., Marbacher Gasse 20 I
Breng, Alfred, Versicherungsbeamt., Dalbergsweg 26 I
— Paul, Maler, Blücherstr. 44 III
— Wilhelm, Versicherungsbeamter, Kirchbachstr. 16 I
Brenkmann, Julius, Werkmeister a. D., Oststr. 39 II
Brenn, Erich, Bankbeamt., Im Hahnegart. 35
— Hugo, Reichsb.-Pens., Kruppstr. 36 E
— Werner, Vorarbeit. b. d. Rb., Kruppstr. 36 E
Brennecke, Ewald, Schriftsetzer, Hühnerbalz 22
— Ferdinand, Inspizient, Burgstr. 8 E
— Fritz, Kfm., F 27453, Weißenburger Straße 10 II
— Paul, Angestellter, Sedanstr. 5 II
— Therese, Witwe, Sedanstr. 5 II
Brenner, Anna, Wasch- u. Plättanstalt, Gardinenspannerei, F 29851, Domstr. 5
— Hugo, Vers.-Insp., Heinrichstr. 57 E
— geb. Werber, Laura, Witwe, Horst-Wessel-Straße 139 II
— Lina, Schwester, F 24490, Gartenstr. 27 E
— Magdalene, Witwe, Adam-Riese-Str. 7 E
— Paul, Reichsbahnobersekr. i. R., Gartenstraße 10 II
Brennicke, Richard, Rb.-Obersekretär, Reichartstr. 3 E
— Anna, Lehrerin, Reichartstraße 3 E
— Willy, Zuschneider, Skalitzer Str. 3 I
Bresagk, Gustav, Justizangestellter, Melchendorfer Landstraße 122 I
Bresius, Elsa, Stütze, Magdeburger Str. 1 b II
Bresclus, Erna, Schuhfabrikarbeiterin, Am Gelben Gut 89 I
— geb. Weyh, Marie, Witwe, Am gelben Gut 89 I
— Max, Automatenvertrieb, F 22167, Pergamentergasse 34 II
— Max, Transportarbeiter, Schmidtstedter Straße 57 I
— Otto, Ofensetzer, Johannesstr. 173 II
Bressel, Otto, Bez.-Zollkommissar, Daberstedter Str. 17 a E
Breten geb. Rennicke, Hulda, Witwe, Schmidtstedter Ufer 2 E
Bretmütz geb. Schütt, Ida, Carmerstr. 61 II
Bretschneider, Hans, Rollmeister, Johannesstraße 171 II
— Walter, Krim.-Angestellter, Roonstr. 25 H E
Bretschneider & Co., Radio- u. Grammophongroßhandlung, G. m. b. H., F 27428, Nonnenrain 70
Brettschneider, Alfred, Automateneinrichter, Werderstr. 3 I
— Bernhard, Reichsbahnbetriebsarbeiter, Heinrichstr. 19 III
— Bernhard, Schuhfabrikarbeiter, Gneisenaustraße 52 III
— Erich, Eisendreher, A. d. Auenschanze 1 b E
— Felix, Glaserei, Schwerinstr. 6 E
— geb. Todt, Helene, Wwe., Augustinerstr. 28 I
Bretz, Hans, techn. Reichsb.-Inspektor, Nachoder Straße 24 E
Bretzel, Hedwig, Telegraphensekretär, Nonnenrain 16 I
— Otto, Stadtverwaltungsrat, Goethestr. 17 II
— Otto, Postinspektor, Straßburger Str. 31 I
— Werner, Dipl.-Handelslehrer, Brühler Herrenberg 16 II
Breucker, Otto, Vertret., Scharnhorststr. 13 II
Breuer, Marie, Flißstr. 13 I
Breustedt geb. Koch, Frieda, Pensionärin, Zietenstr. 50 II
Brey, Ernst, Werkstättenarbeiter, Albrechtstr. 57 II
— Heinr., Maschinenmeister i. R., Friedrich-Wilhelm-Platz 1 II
Breyer geb. Schneider, Elisabeth, Ehefrau, Friedrichstr. 6 E
— Ferdinand, Versicherungsbeamter i. R., Farbengasse 2 I
— Hans, Drogist, P Erf. 18105, Friedrichstraße 6 E
— Theo, kfm. Angestellter, Friedrichstr. 6 E

Brikett-Vertrieb Erfurt
Hüsmert, Ross & Co.
Anger 59
Fernruf Sammelnummer 25191
Postscheckkonto Erfurt 1410

Brill, Alfred, Fabrikarbeiter, Wendenstr. 17 E
— August, Kaufmann, Schuhhandlung, Heinrichstr. 8 II
— Fritz, Metallschleifer, Borntalweg 60 II
Brinck, Ernst, Rentner, Roonstr. 26 III
— Heinz, Friseur, Feldstr. 11 E
Brink, Gerhard, kfm. Ang., Weißfraueng. 4 I
— geb. Dolle, Nanny, Buchbinderin, Mainzerhofstr. 7 II
— Hermann, Behördenangest., Seydlitzstr. 15 I
Brinckmann, Anneliese, Gewerbelehrerin, Friedrichstr. 18 I
— geb. Weimar, Elisabeth, Geh. Reg.-Rats-Witwe, Friedrichstr. 18 I
— Gertrud, Gewerbelehrerin, Friedrichstr. 18 I
Brinkmann, Alfons, Versich.-Korrespondent, Albrechtstr. 19 III
— Carl, Kaufmann i. R., Mittelstr. 29 II
— Edmund, Pensionär, Albrechtstr. 19 III
— Emmy, Mittelstr. 29 II

1935 sind noch beide Geschäfte im Erfurter Adressbuch zu finden.

Dieses um 1950 entstandene Foto zeigt den Verkaufsraum mit Inhaber Karlheinz Brembach (links) und einem seiner Mitarbeiter.

18

Paul Kionka – Uhren und Schmuck

Paul Kionka lernte in seiner Heimat Schlesien das Uhrmacherhandwerk und ging schließlich in Deutschland auf Wanderschaft. In Ruhla, dem Thüringer Uhrenstandort, erwarb er seinen Meisterbrief und ließ sich 1895 mit Hilfe seines Bruders Wilhelm, der wahrscheinlich einen Brennstoffhandel betrieb, in Erfurt nieder. Erstmals erwähnt wurde Paul Kionka im Adressbuch der Stadt Erfurt 1896. Der Standort des Geschäftes befand sich an der Langen Brücke 23. 1908 zog Paul Kionka in größere Geschäftsräume im Haus Lange Brücke 45, wo das Geschäft auch heute noch zu finden ist. Die antike Uhr über den Schaufenstern und die alte Hinterglasmalerei erinnern an den Firmengründer, der 1944 verstarb. Kionkas Tochter und ihr Mann Richard Schoele führten das Familienunternehmen weiter und brachten es durch die schweren Nachkriegsjahre. 1962 übernahm ihr Sohn Wolfgang gemeinsam mit seiner Frau Lieselotte das Geschäft. Es überrascht sicher niemanden, dass es für die Inhaber zu DDR-Zeiten nicht einfach war, das Geschäft weiterzuführen. Mit der staatlichen Handelsorganisation wurde ein Kommissionshandel vereinbart, der den Fortbestand des Geschäftes sicherte. Das Familienunternehmen behauptete sich gegen die Widrigkeiten der Planwirtschaft und überstand auch die Wirren der Wende. Seit 2001 ist mit Jana Zippel-Schoele, der Tochter von Lieselotte und Wolfgang Schoele, nunmehr die vierte Generation verantwortlich für das Unternehmen. Das Fachgeschäft für Uhren, Schmuck und Trauringe behauptet sich erfolgreich gegen die Konkurrenz der Großen im Uhren- und Schmuck-Bereich und ist bis heute eine Bereicherung auf der Langen Brücke, mit einer Ersterwähnung im Jahr 1293 eine der ältesten Straßen Erfurts.

Paul Kionka (1873–1944) gründete seine Uhrmacherwerkstatt 1895 in der Langen Brücke 23.

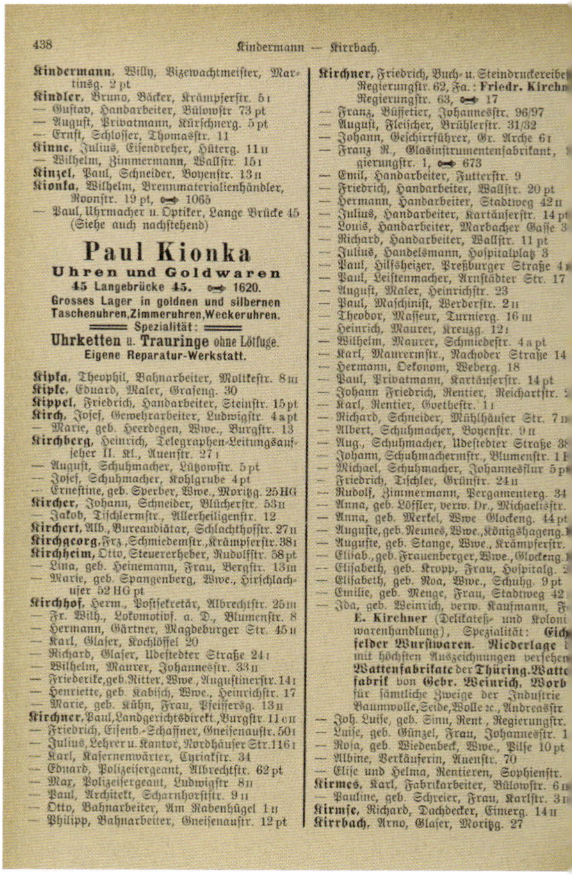

438 Kindermann — Kirrbach.

Kindermann, Willy, Vizewachtmeister, Martinsg. 2 pt
Kindler, Bruno, Bäcker, Krämpferstr. 5 I
— Gustav, Handarbeiter, Bülowstr 73 pt
— August, Privatmann, Kürschnerg. 5 pt
— Ernst, Schlosser, Thomasstr. 11
Kinne, Julius, Eisendreher, Hüterg. 11 II
— Wilhelm, Zimmermann, Wallstr. 15 I
Kinzel, Paul, Schneider, Boyenstr. 13 II
Kionka, Wilhelm, Brennmaterialienhändler, Roonstr. 19 pt, ☎ 1065
— Paul, Uhrmacher u. Optiker, Lange Brücke 45 (Siehe auch nachstehend)

Paul Kionka
Uhren und Goldwaren
45 Langebrücke 45. ☎ 1620.
Grosses Lager in goldnen und silbernen Taschenuhren, Zimmeruhren, Weckeruhren.
Spezialität:
Uhrketten u. Trauringe ohne Lötfuge.
Eigene Reparatur-Werkstatt.

Kipka, Theophil, Bahnarbeiter, Moltkestr. 8 III
Kipke, Eduard, Maler, Grafeng. 30
Kippel, Friedrich, Handarbeiter, Steinstr. 15 pt
Kirch, Josef, Gewehrarbeiter, Ludwigstr. 4 a pt
— Marie, geb. Heerdegen, Wwe., Burgstr. 13
Kirchberg, Heinrich, Telegraphen-Leitungsaufseher II. Kl., Auenstr. 27 I
— August, Schuhmacher, Lützowstr. 5 pt
— Josef, Schuhmacher, Kohlgrube 4 pt
— Ernestine, geb. Sperber, Wwe., Moritzg. 25 HG
Kircher, Johann, Schneider, Blücherstr. 53 II
— Jakob, Tischlermstr., Allerheiligenstr. 12
Kirchert, Alb., Bureaudiätar, Schlachthofstr. 27 II
Kirchgeorg, Frz., Schmiedemstr., Krämpferstr. 38 I
Kirchheim, Otto, Steuererheber, Rudolfstr. 58 pt
— Lina, geb. Heinemann, Frau, Bergstr. 13 III
— Marie, geb. Spangenberg, Wwe., Hirschlachufer 52 HG pt
Kirchhof, Herm., Postsekretär, Albrechtstr. 25 III
— Fr. Wilh., Lokomotivf. a. D., Blumenstr. 8
— Hermann, Gärtner, Magdeburger Str. 45 II
— Karl, Glaser, Kochlöffel 20
— Richard, Glaser, Udestedter Straße 24 I
— Wilhelm, Maurer, Johannesstr. 33 II
— Friederike, geb. Ritter, Wwe., Augustinerstr. 14 I
— Henriette, geb. Kabisch, Wwe., Heinrichstr. 17
— Marie, geb. Kühn, Frau, Pfeifferg. 13 II
Kirchner, Paul, Landgerichtsdirekt., Burgstr. 11 c II
— Friedrich, Eisenb.-Schaffner, Gneisenaustr. 50 I
— Julius, Lehrer u. Kantor, Nordhäuser Str. 116 I
— Karl, Kasernenwärter, Cyriakstr. 34
— Eduard, Polizeisergeant, Albrechtstr. 62 pt
— Max, Polizeisergeant, Ludwigstr 8 II
— Paul, Architekt, Scharnhorststr. 9 II
— Otto, Bahnarbeiter, Am Rabenhügel 1 II
— Philipp, Bahnarbeiter, Gneisenaustr. 12 pt
Kirchner, Friedrich, Buch- u. Steindruckereibe[…] Regierungstr. 62, Fa.: **Friedr. Kirchn[…]** Regierungstr. 63, ☎ 17
— Franz, Büffetier, Johannesstr. 96/97
— August, Fleischer, Brühlerstr. 31/32
— Johann, Geschirrführer, Gr. Arche 6 I
— Franz R., Glasinstrumentenfabrikant, […]gierungstr. 1, ☎ 673
— Emil, Handarbeiter, Futterstr. 9
— Friedrich, Handarbeiter, Wallstr. 20 pt
— Hermann, Handarbeiter, Stadtweg 42 II
— Julius, Handarbeiter, Kartäuserstr. 14 pt
— Louis, Handarbeiter, Marbacher Gasse 3
— Richard, Handarbeiter, Wallstr. 11 pt
— Julius, Handelsmann, Hospitalplatz 3
— Paul, Hilfsheizer, Preßburger Straße 4 I
— Paul, Leistenmacher, Arnstädter Str. 17
— August, Maler, Heinrichstr. 23
— Paul, Maschinist, Werderstr. 2 II
— Theodor, Masseur, Turnierg. 16 III
— Heinrich, Maurer, Kreuzg. 12 I
— Wilhelm, Maurer, Schmiedestr. 4 a pt
— Karl, Maurermstr., Nachoder Straße 14
— Hermann, Oekonom, Weberg. 18
— Paul, Privatmann, Kartäuserstr. 14 pt
— Johann Friedrich, Rentier, Reichartstr. […]
— Karl, Rentier, Goethestr. 1 I
— Richard, Schneider, Mühlhäuser Str. 7 II
— Albert, Schuhmacher, Boyenstr. 9 II
— Aug., Schuhmacher, Udestedter Straße 3[…]
— Johann, Schuhmachermstr., Blumenstr. 1[…]
— Michael, Schuhmacher, Johannesflur 5 p[…]
— Friedrich, Tischler, Grünstr. 24 II
— Rudolf, Zimmermann, Pergamenterg. 34
— Anna, geb. Löffler, verw. Dr., Michaelisstr. […]
— Anna, geb. Merkel, Wwe Glockeng. 44 pt
— Auguste, geb. Reunes, Wwe., Königshageng. […]
— Auguste, geb. Stange, Wwe., Krämpferstr. […]
— Elisab., geb. Frauenberger, Wwe., Glockeng. […]
— Elisabeth, geb. Kropp, Frau, Hospitalg. […]
— Elisabeth, geb. Roa, Wwe., Schuhg. 9 pt
— Emilie, geb. Menge, Frau, Stadtweg 42 […]
— Ida, geb. Weinrich, verw. Kaufmann, F[…] **E. Kirchner** (Delikateß- und Koloni[…]warenhandlung), Spezialität: **Eich[…]felder Wurstwaren. Niederlage** […] mit höchsten Auszeichnungen versehen[…] **Wattenfabrikate** der **Thüring. Watte[…]fabrik** von **Gebr. Weinrich, Worb[…]** für sämtliche Zweige der Industrie […] Baumwolle, Seide, Wolle 2c., Andreasstr […]
— Joh. Luise, geb. Sinn, Rent., Regierungstr. […]
— Luise, geb. Günzel, Frau, Johannesstr. 1[…]
— Rosa, geb. Wiedenbeck, Wwe., Pilse 10 pt
— Albine, Verkäuferin, Auenstr. 70
— Elise und Helma, Rentieren, Sophienstr. […]
Kirmes, Karl, Fabrikarbeiter, Bülowstr. 6 II
— Pauline, geb. Schreier, Frau, Karlstr. 3 I
Kirmse, Richard, Dachdecker, Eimerg. 14 II
Kirrbach, Arno, Glaser, Moritzg. 27

Im Adressbuch von 1908 wirbt Paul Kionka mit einer Anzeige für sein Geschäft an neuer Adresse.

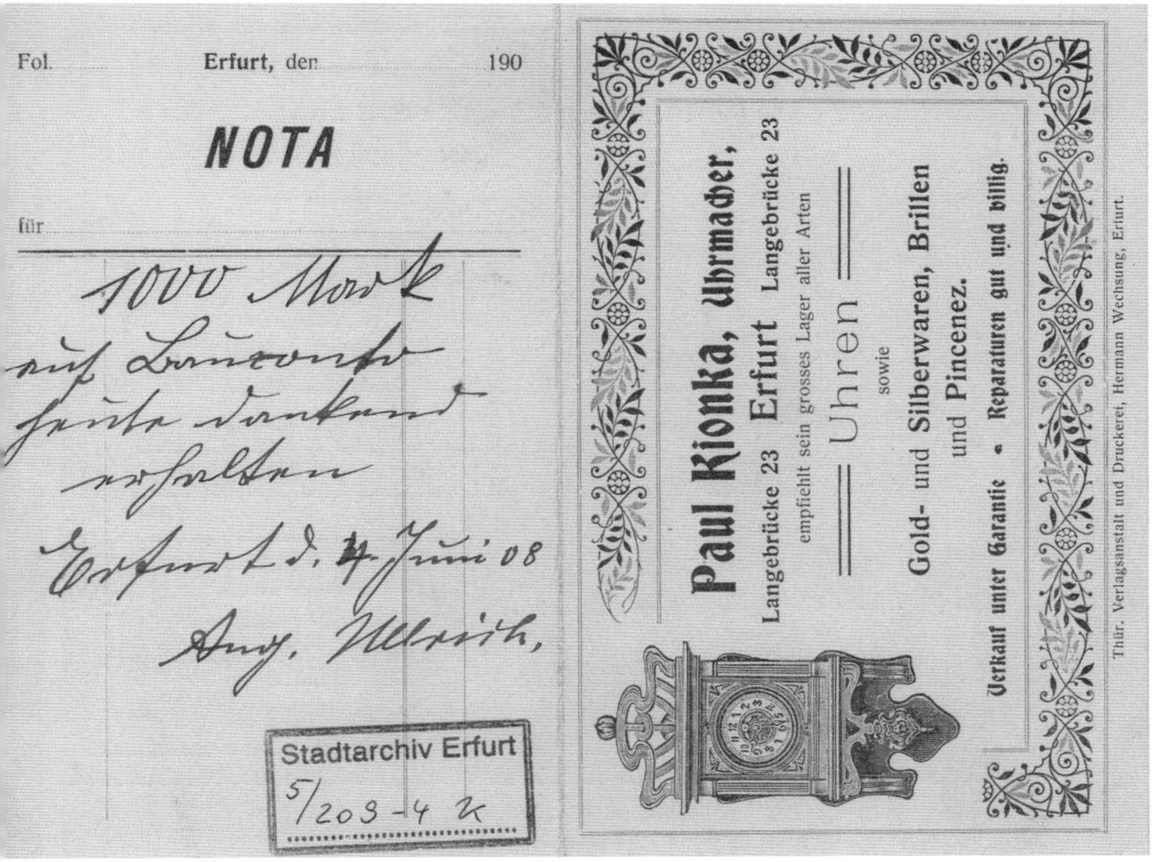

Ein gewisser August Ullrich bestätigte am 4. Juni 1908 den Empfang von 1.000 Mark „aus Bauconto". Sicherlich steht diese Zahlung im Zusammenhang mit dem Umzug des Geschäftes in die Lange Brücke 45. ▲

Die Rückseite der „Nota" trägt Werbung für die Produkte von Paul Kionka.

Die Uhr über den Schaufenstern wurde unter Beachtung der Vorgaben des Denkmalamtes nach originalen Plänen Anfang der 1990er-Jahre neu hergestellt. Die Hinterglasmalerei mit dem Namen des Ladeninhabers ist noch im selben Zustand wie zur Geschäftseröffnung im Jahr 1908.

19

Stadtarchiv Erfurt

Die Adresse Gotthardtstraße 21 ist jedem Geschichtsinteressierten ein Begriff. Das Stadtarchiv Erfurt ist die Anlaufstelle für all jene, die historische Bildbände und Publikationen über verschiedenste Themen veröffentlichen wollen. Auch für die Erforschung der Geschichte der eigenen Familie oder des jüngst erworbenen Hauses ist das Stadtarchiv Erfurt die erste Adresse.

Schon seit dem 13. Jahrhundert muss der Rat der Stadt Erfurt eine Einrichtung besessen haben, die Urkunden und andere wichtige Dokumente dauerhaft aufbewahrte. Der älteste schriftliche Nachweis eines solchen Archivs stammt aus dem späten 15. Jahrhundert. In den 1830er-Jahren begannen eine wissenschaftliche Bearbeitung und Systematisierung des bis dahin angesammelten Archivgutes, maßgeblich initiiert durch den Stadtrat und Eisenbahndirektor Karl Herrmann (1797–1874). Zwei Jahre nach seinem Tod setzte ihm die Stadt ein Denkmal – der Roßmarkt hieß nun Herrmannsplatz und der Brunnen erinnert bis heute an ihn. „Dem wahren Freunde seiner Heimatstadt, Karl Herrmann, 1876“, so lautet die Inschrift an der Brunnensäule.

Um das Archiv zu ordnen, bestimmte die Stadtverordnetenversammlung auf Herrmanns Anregung hin den pensionierten ehemaligen Leiter des Königlichen Provinzialarchivs Koblenz, Heinrich Beyer (1806–1886), der gebürtiger Erfurter war. Bis 1871 leitete Beyer das Stadtarchiv Erfurt. Sein Sohn Carl (1848–1900), der nach einer Ausbildung zum Apotheker an der Universität Halle Pharmazie, später auch Geschichte studierte und schließlich 1881 über die Bischofs- und Abtswahlen in Deutschland promovierte, nahm 1882 das Angebot der Stadt Erfurt an, als 1. Stadtarchivar, zunächst nebenberuflich, tätig zu werden. Ab 1896 konnte ihm eine Vollzeitstelle angeboten werden. Zahlreiche Publikationen Carl Beyers sind bis heute in den Quellenangaben von wissenschaftlichen Texten zur Stadtgeschichte Erfurts zu finden. Ab 1886 war er auch Schriftführer im Erfurter Geschichtsverein.

Der nächste Name ist ebenso wichtig und bekannt: Alfred Overmann. Der am 6. November 1866 in Bergheim geborene Overmann arbeitete nach seinen Studien der Geschichte, Germanistik und Kunstgeschichte und seiner Promotion im Stadtarchiv Köln, am Geheimen Staatsarchiv Berlin und dem Staatsarchiv Münster. 1901 wurde er Direktor des Stadtarchivs Erfurt, leitete nebenbei bis 1908 zusätzlich die Stadtbibliothek und bis 1912 auch das Städtische Museum. Overmanns wohl größter Verdienst ist, dass er mit dem Staatsarchiv Magdeburg zwischen 1903 und 1919 eine Bestandsbereinigung durchführte, in deren Ergebnis etliche wertvolle Archivalien wieder nach Erfurt zurückkehrten. Allerdings mussten auch Archivalien nach Magdeburg gegeben werden. In den 1930er-Jahren wurden außerdem mit dem Domarchiv Erfurt Archivalien getauscht. Overmann starb am 7. Februar 1946.

Zwischen 1934 und 1951 folgten Walter Dieck und Werner Schnellenkamp als Archivleiter. Große Mengen Schriftgut aus der städtischen Registratur wurden in diesen Jahren in das

Archiv übernommen. In etwa diesen Zeitraum fiel auch der Beginn eines überaus langwierigen Projektes, das erst nach rund 25 Jahren abgeschlossen werden konnte: Otto Rollert (1874–1962), einst Direktor der Thuringia-Versicherung, erstellte eine Häuserchronik, geordnet nach Straßennamen und basierend auf den Angaben der Verrechtsbücher der vergangenen Jahrhunderte.

Ab 1951 war Fritz Wiegand (1895–1982) Leiter des Stadtarchivs. Während seiner bis 1970 dauernden Amtszeit wurde die Struktur der Archivalien neu geordnet.

Als Anfang der 1990er-Jahre die kommunale Selbstverwaltung neu aufgebaut werden musste, war das Stadtarchiv als ein städtisches Amt für alle Archivalien zuständig. Doch das Amt war auf verschiedene Standorte in Erfurt verteilt. Der überwiegende Teil der Archivalien war im Rathaus am Fischmarkt zu finden und die Bildstelle mit dem „fotografischen Gedächtnis" in der Meister-Eckehardt-Straße. Um die Bestände an einem zentralen Ort aufbewahren und für die Allgemeinheit zugänglich machen zu können, wurde Mitte der 1990er-Jahre akribisch ein Umzug in die Gotthardstraße 21 vorbereitet. Schließlich sollten alle Archivalien auch nach dem Umzug wiedergefunden werden.

Neben rund 2.500 laufenden Metern Akten und Dokumenten besitzt das Stadtarchiv eine schier endlose Zahl an Fotografien (rund 46.000 Glasplatten, Diapositive und Kleinbildnegative), die die Geschichte der Stadt illustrieren. Der überwiegende Teil liegt digitalisiert vor. Ein Fundus, dessen Wert nicht hoch genug zu schätzen ist. Im Leseraum können Interessierte die Dokumente einsehen, die ihnen von den freundlichen und sehr kompetenten Mitarbeiterinnen und Mitarbeitern des Stadtarchivs aus den Magazinräumen herausgesucht und präsentiert werden.

Karl Herrmann (1797–1874), Stadtrat, Eisenbahndirektor und Gründer des Stadtarchivs Erfurt.

Die langjährige Bibliothekarin des Stadtarchivs, Frau Schmidt, um 1960.

◄ Das Denkmal für Karl Herrmann wurde 1876 enthüllt. Im selben Jahr erfolgte ihm zu Ehren außerdem die Umbenennung des Roßmarktes in Herrmannsplatz.

Prof. Carl Beyer (1848–1900), Historiker und erster Stadtarchivar in Erfurt.

Beyer an seinem Schreibtisch im Stadtarchiv im Rathaus. ▼

Otto Rollert, Direktor der Thuringia-Versicherung, sein Hauptwerk, die Häuserchronik, ist im Bestand des Stadtarchivs Erfurt. Das Foto wurde 1936 aufgenommen.

Prof. Dr. Alfred Overmann war ab 1901 Stadtarchivar.

Bis zum Umzug des Stadtarchivs 1995 war das Bildarchiv in der Meister-Eckehart-Straße 2 zu finden. Die Aufnahme vom Oktober 1992 zeigt das Fotolabor mit Glasplattenvergrößerungsgerät (bis 13x18 cm), einen „Magnifax" (6x9 cm) und das Kleinbildfilm-Vergrößerungsgerät Axomat 5. ▼

Der Magazinraum des Stadtarchivs Erfurt im August 1994, kurz vor dem Umzug in das heutige Domizil in der Gotthardstraße.

Im Flur des Rathauses warten Unmengen von Umzugskartons darauf, mit Archivgut befüllt zu werden. Das Foto entstand am 17. August 1994. ▼

20

Buchhandlung Peterknecht

Die ohne Zweifel älteste Buchhandlung in Erfurt war die Keyser'sche Buchhandlung, die 1777 von Georg Adam Keyser eröffnet wurde. Neben Keyser fand man 1806 im Erfurter Adressbuch vier weitere Buchhändler der Stadt: die Herren Beyer und Maring, Wilhelm Hennings, ein gewisser Rudolphi und Friedrich August Knick, der seine Buchhandlung 1805 gründete. 1858 kam mit Hugo Neumann ein weiterer Buchhändler hinzu. Er übernahm 1893 die Buchhandlung von F.A. Knick und führte sie als Neumann'sche Buchhandlung weiter. Auch die Keyser'sche Buchhandlung, viele Jahrzehnte am Anger 11 zu finden, wurde 1890 von Hugo und Paul Neumann übernommen. Ab 1897 führte Bruno Neumann, ein Sohn der Familie, die Keyser'sche Buchhandlung allein weiter. Hugo und Paul Neumann betrieben weiterhin ihre Buchhandlung und Leihbibliothek am Anger 57. Anfang des 20. Jahrhunderts gelangte die Neumann'sche Buchhandlung an Rudolf Kempf. Dieser verkaufte sie am 25. November 1935 an Karl Peterknecht (geboren 1906) für 7.500 RM, heute etwa 36.000 Euro.

Die Adresse Anger 28 war den Erfurtern seit vielen Jahren gut bekannt und stand synonym für Bücher. Karl Peterknecht gelang es, das etablierte Geschäft erfolgreich weiterzuführen, bis er 1939 zur Wehrmacht eingezogen wurde und seine Frau Hildegard (1908–1992) die Geschäftsführung übernahm. 1968 wurde der seit Ende des Zweiten Weltkriegs vermisste Karl Peterknecht für tot erklärt. Die bisherige Einzelfirma wurde zur Aufnahme einer staatlichen Beteiligung bewogen, was eine Umfirmierung zur Buchhandlung Peterknecht Kommanditgesellschaft zur Folge hatte. Persönlich haftende Gesellschafter waren Hildegard Peterknecht und ihr Sohn Kurt. Als staatlicher Gesellschafter trat der VEB Volksbuchhandel auf. Der Eintrag in das Handelsregister erfolgte am 14. März 1969.

1984 begann Peter Peterknecht seine Buchhandelslehre, mit ihm kam nun die dritte Generation ins Geschäft. 1990 kauften die Peterknechts den staatlichen Anteil an der Kommanditgesellschaft vom VEB Volksbuchhandel zurück und das Unternehmen war wieder in Gänze in Familienbesitz. 1992 und 1998 investierte Peterknecht in den Umbau der bisherigen Geschäftsräume am Anger 28. Im November 1998 standen rund 700 Quadratmeter Verkaufsfläche auf zwei Etagen zur Verfügung. Die „Eule", vom Weimarer Metallgestalter Klaus Fleischmann (1940–2021) geschaffen, ist seit 1992 das weithin sichtbare Erkennungszeichen für die Buchhandlung Peterknecht. Zwischen 1993 und 1999 war in der Langen Brücke 57 eine auf Fachbücher der Bereiche Bau, Recht und Steuer spezialisierte Filiale zu finden.

2022 markiert den bislang größten Umzug der Buchhandlung Peterknecht. Obwohl der Weg vom Anger 28 zum Anger 51 gerade einmal 35 Meter beträgt, dauerte der Umzug ganze vier Wochen. Regal für Regal wurden die etwa 40.000 Bücher von den Mitarbeitern über den Anger getragen. Nun steht der Buchhandlung Peterknecht eine Verkaufsfläche von etwa

750 Quadratmetern zur Verfügung und ihre Kunden fühlen sich in der Tageslicht-Atmosphäre sehr wohl. Lesungen und andere Veranstaltungen rund ums Buch gab es in allen Jahrzehnten, so auch heute noch.

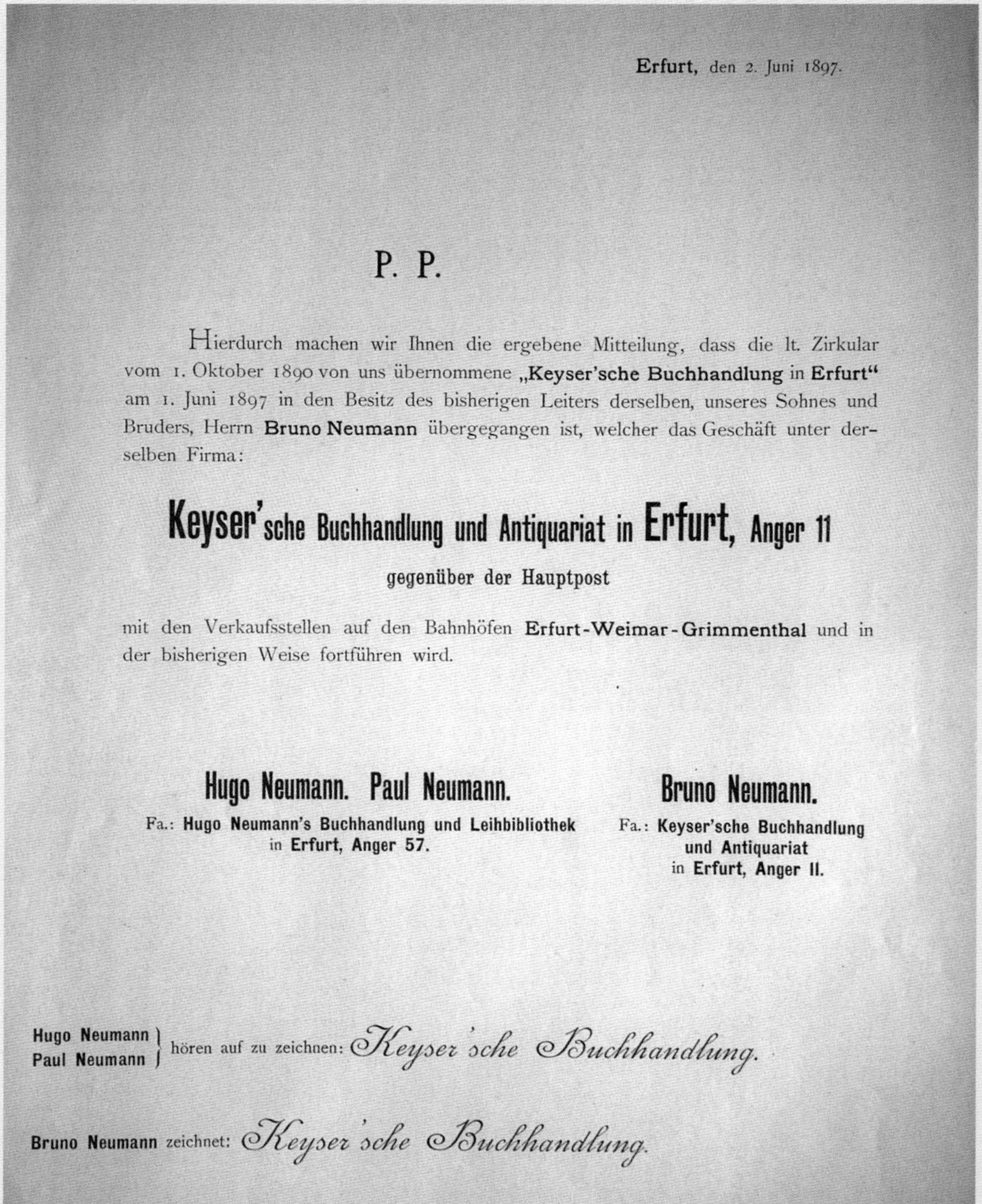

Erfurt, den 2. Juni 1897.

P. P.

Hierdurch machen wir Ihnen die ergebene Mitteilung, dass die lt. Zirkular vom 1. Oktober 1890 von uns übernommene **„Keyser'sche Buchhandlung** in **Erfurt"** am 1. Juni 1897 in den Besitz des bisherigen Leiters derselben, unseres Sohnes und Bruders, Herrn **Bruno Neumann** übergegangen ist, welcher das Geschäft unter derselben Firma:

Keyser'sche Buchhandlung und Antiquariat in Erfurt, Anger 11

gegenüber der Hauptpost

mit den Verkaufsstellen auf den Bahnhöfen **Erfurt-Weimar-Grimmenthal** und in der bisherigen Weise fortführen wird.

Hugo Neumann. Paul Neumann.
Fa.: **Hugo Neumann's Buchhandlung und Leihbibliothek in Erfurt, Anger 57.**

Bruno Neumann.
Fa.: **Keyser'sche Buchhandlung und Antiquariat in Erfurt, Anger 11.**

Hugo Neumann
Paul Neumann } hören auf zu zeichnen: *Keyser'sche Buchhandlung.*

Bruno Neumann zeichnet: *Keyser'sche Buchhandlung.*

Die neuen Eigentümer der Keyser'schen Buchhandlung zeigten dem Börsenverein des Deutschen Buchhandels die Veränderungen der Eigentumsverhältnisse und der Geschäftsführung im Juni 1897 an.

Eine Werbepostkarte der Buchhandlung aus den 1950er-Jahren.

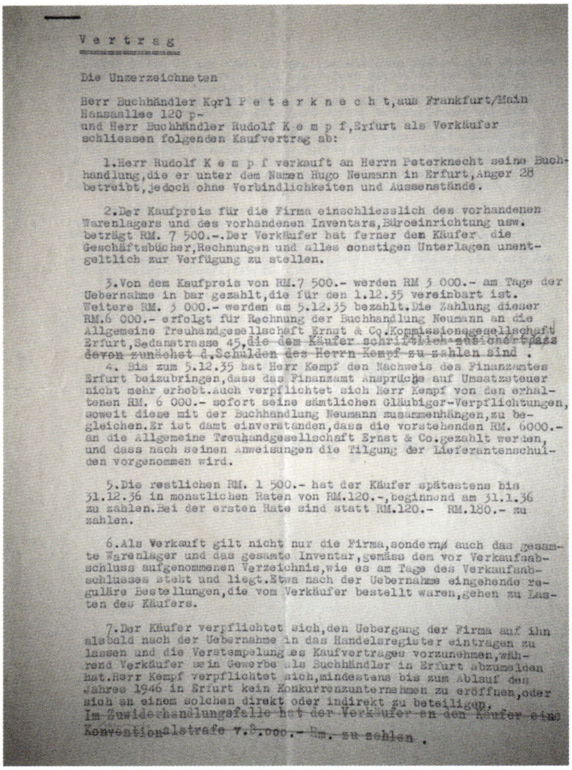

V e r t r a g

Die Unzerzeichneten

Herr Buchhändler Karl P e t e r k n e c h t,aus Frankfurt/Main
Hansaallee 120 p-
und Herr Buchhändler Rudolf K e m p f,Erfurt als Verkäufer
schliessen folgenden Kaufvertrag ab:

1.Herr Rudolf K e m p f verkauft an Herrn Peterknecht seine Buchhandlung,die er unter dem Namen Hugo Neumann in Erfurt,Anger 28 betreibt,jedoch ohne Verbindlichkeiten und Aussenstände.

2.Der Kaufpreis für die Firma einschliesslich des vorhandenen Warenlagers und des vorhandenen Inventars,Büroeinrichtung usw. beträgt RM. 7 500.-.Der Verkäufer hat ferner dem Käufer die Geschäftsbücher,Rechnungen und alles sonstigen Unterlagen unentgeltlich zur Verfügung zu stellen.

3.Von dem Kaufpreis von RM.7 500.- werden RM 3 000.- am Tage der Uebernahme in bar gezahlt,die für den 1.12.35 vereinbart ist. Weitere RM. 3 000.- werden am 5.12.35 bezahlt.Die Zahlung dieser RM.6 000.- erfolgt für Rechnung der Buchhandlung Neumann an die Allgemeine Treuhandgesellschaft Ernst & Co.Kommissionsgesellschaft Erfurt,Sedanstrasse 45,~~die dem Käufer schriftlich zusichert,dass davon zunächst d.Schulden des Herrn Kempf zu zahlen sind~~ .

4. Bis zum 5.12.35 hat Herr Kempf den Nachweis des Finanzamtes Erfurt beizubringen,dass das Finanzamt Ansprüche auf Umsatzsteuer nicht mehr erhebt.Auch verpflichtet sich Herr Kempf von den erhaltenen RM. 6 000.- sofort seine sämtlichen Gläubiger-Verpflichtungen, soweit diese mit der Buchhandlung Neumann zusammenhängen,zu begleichen.Er ist damt einverstanden,dass die vorstehenden RM. 6000.- an die Allgemeine Treuhandgesellschaft Ernst & Co.gezahlt werden, und dass nach seinen Anweisungen die Tilgung der Lieferantenschulden vorgenommen wird.

5.Die restlichen RM. 1 500.- hat der Käufer spätestens bis 31.12.36 in monatlichen Raten von RM.120.-,beginnend am 31.1.36 zu zahlen.Bei der ersten Rate sind statt RM.120.- RM.180.- zu zahlen.

6.Als Verkauft gilt nicht nur die Firma,sondern auch das gesamte Warenlager und das gesamte Inventar,gemäss dem vor Verkaufsabschluss aufgenommenen Verzeichnis,wie es am Tage des Verkaufsabschlusses steht und liegt.Etwa nach der Uebernahme eingehende reguläre Bestellungen,die vom Verkäufer bestellt waren,gehen zu Lasten des Käufers.

7.Der Käufer verpflichtet sich,den Uebergang der Firma auf ihn alsbald nach der Uebernahme in das Handelsregister eintragen zu lassen und die Verstempelung des Kaufvertrages vorzunehmen,während Verkäufer sein Gewerbe als Buchhändler in Erfurt abzumelden hat.Herr Kempf verpflichtet sich,mindestens bis zum Ablauf des Jahres 1946 in Erfurt kein Konkurrenzunternehmen zu eröffnen,oder sich an einem solchen direkt oder indirekt zu beteiligen.
~~Im Zuwiderhandlungsfalle hat der Verkäufer an den Käufer eine Konventionalstrafe v.8.000.- Rm. zu zahlen~~ .

Der Verkauf der Buchhandlung „Hugo Neumann", Inhaber war Rudolf Kempf, an Karl Peterknecht wurde vertraglich geregelt. Der Vertrag ist auf den 25. November 1935 datiert.

Anger 51 lautet seit 2022 die Adresse der Buchhandlung Peterknecht. Auch die Eule fand wieder einen Platz an der Fassade des Geschäftshauses.

21

Fayence-Manufaktur Laurentius Silberschlag

Johann Daniel Fleischhauer erhielt 1717 das Privileg zur Gründung einer Porzellanfabrik. Fleischhauer war bei der Manufaktur Dorotheenthal angestellt und machte sich in Erfurt selbstständig. Allerdings musste er seine Manufaktur bereits ein Jahr später verkaufen. Den Zuschlag erhielt Laurentius Silberschlag, ein Erfurter Zinngießer. Dieser ließ die Manufaktur ausbauen und leitete sie bis zu seinem Tod 1722. Ihm folgte 1724 der aus Erfurt stammende Johann Paul Stieglitz, der zuvor Mitpächter der Dorotheenthal-Porzellanmanufaktur in der Nähe von Arnstadt war und wohl auch Fachkräfte aus dieser Manufaktur mit sich zog. Dessen Schwiegersohn Michael Friedrich Bräutigam wurde 1730 Teilhaber, kurz darauf auch sein Sohn Johann Christoph. Nach dem Ableben von Stieglitz führten seine Frau, sein Sohn und der Schwiegersohn den Betrieb weiter. 1785 übernahm Johann Friedrich Christoph die Manufaktur, doch schon sieben Jahre später wurde die Produktion eingestellt. Ein eher unauffälliges Prunkstück im Erfurter Angermuseum ist ein Birnkrug, eines der wenigen erhalten gebliebenen Stücke aus der Werkstatt Silberschlag.

Das einzige Erzeugnis aus der Manufaktur Silberschlag im Bestand des Kunstmuseums Erfurt (Angermuseum) ist ein wegen seiner Form so genannter Birnkrug, der Anfang des 18. Jahrhunderts gefertigt wurde.

Bildnachweis

Angermuseum, Dirk Urban: S. 119; Brembach, Privatarchiv: Einband vorne, S. 99, S. 102; Kionka, Privatarchiv: S. 104; Peterknecht, Privatarchiv: S. 116, 117, 118 oben; Stadtarchiv Erfurt (in Klammern gesetzt die Archivsignatur): S. IV (6_0_44_Funkwerk_Brühl_016), S. 2 (6_0_16A2_150), S. 4 (6_0_29_007), S. 6 (6_0_26D2_034), S. 9 (6_0_26F2_030), S. 10 oben (6_0_26D2_031), S. 10 unten (6_0_26D2_038), S. 11 (6_6_D03_025), S. 12 (6_0_17B14_014), S. 14 (6_0_5Rudolfstraße_001), S. 15 oben (6_0_44_Funkwerk_Brühl_005), S. 15 unten (6_0_11D_060), S. 16 (6_0_Funkwerk_Brühl_141), S. 17 oben (6_0_17B11_018), S. 17 unten (6_0_Funkwerk_Brühl_019), S. 18 (6_0_Funkwerk_Brühl_029), S. 19 (6_0_44_Funkwerk_Brühl_027), S. 22 (6_0_36_021), S. 24 oben (6_0_36_031), S. 24 unten (6_0_36_024), S. 25 oben (6_9_10_015), S. 25 unten(5/180-7 Band 1), S. 26 oben (6_0_10B1_14_012), S. 26 unten (6_2_A_Lutz_9_16a_001), S. 27 (6_0_10B1_14_028), S. 28 oben (6_0_10B1_14_015), S. 28 unten (6_0_10B1_14_006), S. 30 (6_0_19M_020), S. 31 oben (6_0_10J13_013), S. 31 unten (6_0_10J13_058), S. 32 oben (6_0_10J13_015), S. 32 unten (6_0_10J13_019), S. 33 oben (6_0_10J13_022), S. 33 unten (6_0_10J13_026), S. 34 oben (6_0_10J13_025), S. 34 unten (6_0_10J13_032), S. 36 (6_0_11D_056), S. 38 oben (6_0_1T1_004), S. 40 oben (6_0_19L_106), S. 40 unten (6_0_33_003), S. 41 (6_9_10_007), S. 44 (5_180_7 Bd.1 [3]), S. 45 (5_209_4Klöpfel), S. 46 (5_180_7 Bd.1 [1]), S. 47 (5_180_7 Bd.1 [2]), S. 48 oben (6_0_35_005), S. 48 unten (6_0_35_008), S. 49 (6_0_35_022), S. 50 (6_0_35_012), S. 51 (6_0_35_006), S. 52 (6_0_35_026), S. 54 (6_0_10H1_011), S. 55 unten (6_0_10H3_002), S. 56 oben (6_0_10H2_031), S. 56 unten (6_0_10H2_005), S. 57 oben (6_0_6D4_007), S. 57 unten (6_0_10H2_006), S. 58 oben (6_0_9M12_004), S. 58 unten (6_0_5Anger_2d_034), S. 59 (6_0_5Barfüßerstraße_061), S. 60 (6_0_4K3_018), S. 62 (6_0_10H4_004), S. 64 oben (6_0_10H4_012), S. 64 unten (6_0_10H4_002), S. 66 (6_0_10J2_010), S. 67 oben (6_0_10J5_006), S. 67 unten (6_0_10J10_011), S. 68 oben (6_0_10J13_004), S. 68 unten (6_0_10J11a_017), S. 70 oben (5_110_S20_1_032), S. 70 unten (6_0_5Iderhoffstraße_015), S. 72 (6_0_10B1_18_031), S. 73 oben (6_0_10B1_18_006), S. 73 unten (6_0_14E2_002), S. 74 oben (6_0_10B1_18_032), S. 74 unten (6_0_10B1_18_011), S. 76 (6_2_A_Lutz_9_11d_015), S. 77 (6_0_27A8_026), S.78 oben (6_2_A_Lutz_9_11d_017), S. 78 unten (6_2_A_Lutz_9_11d_022), S. 79 (6_2_A_Lutz_9_11d_027), S. 80 (6_2_A_Lutz_9_11d_030), S. 82 oben (6_0_2F24_017), S. 82 unten (6_0_10B1_10_009), S. 83 (Rotplombe 5/180-7 Band 1), S. 84 oben (Rotplombe 5/180-7 Band 1), S. 84 unten (6_0_10B1_6_016), S. 85 (5/180-7 Band 1), S. 86 (6_2_A_Lutz_9_11b_087), S. 88 (6_0_29_008), S. 89 oben (6_2_A_Lutz_9_11b_063), S. 89 unten (6_2_A_Lutz_9_11b_074), S. 90 (6_0_29_042), S. 91 oben (6_0_29_001), S. 91 unten links (6_0_29_002), S. 91 unten rechts (6_0_29_005), S. 92 (6_0_29_048), S. 94 oben (6_6_D02_206), S. 94 unten (6_0_10B1_17_002), S. 96 oben links (6_6_D02_190), S. 96 oben rechts (6_6_D02_244), S. 96 unten links (6_6_D02_284), S. 96 unten rechts (6_6_D02_288), S. 97 oben (6_6_D02_174), S. 97 unten (6_6_D02_215), S. 98 (6_0_10B1_17_007), S. 100 (6_0_16B2_069), S. 105 (5_209_4K), S. 108 (6_0_19H2_007), S. 109 (5_083_16_003), S. 111 oben (6_0_19J_016), S. 111 unten (6_0_19J_021), S. 112 (6_0_19J_057), S. 113 oben (6_0_19J_048), S. 113 unten (6_0_J19_097), S. 114 oben (6_0_19J_106), S. 114 unten (6_0_19J_108), Einband hinten (6_0_27A8_026); ThULB – Thüringer Universitäts- und Landesbibliothek Jena: https://zs.thulb.uni-jena.de/receive/jportal_jpvolume_00213052: S. 23; https://zs.thulb.uni-jena.de/receive/jportal_jpvolume_00271897: S. 63; https://zs.thulb.uni-jena.de/receive/jportal_jpvolume_00233369: S. 101; https://zs.thulb.uni-jena.de/receive/jportal_jpvolume_00203097: S. 105; Ulrich Seidel: S. 20 oben, S. 20 unten, S. 37, S. 38 unten, S. 42, S. 55 oben, S. 95 (Reproduktion), S. 106, S. 110, S. 118 unten.